本书是教育部人文社会科学研究青年基金项目“金融危机引发国际冲突的防范：基于经贸角度的分析”（项目号：09YJC790111）的阶段性成果

国际贸易与国际直接投资对国际冲突的影响

蔡 洁 著

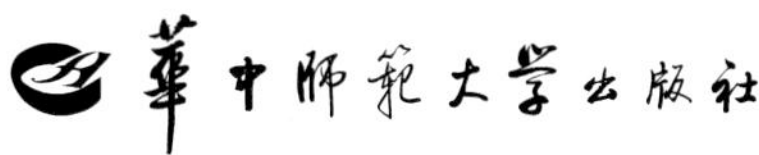

新出图证(鄂)字10号

图书在版编目(CIP)数据

国际贸易与国际直接投资对国际冲突的影响/蔡洁著.—武汉:华中师范大学出版社,2012.12

ISBN 978-7-5622-5860-5

Ⅰ.①国… Ⅱ.①蔡… Ⅲ.①国际贸易—影响—国际关系—研究 ②国际直接投资—影响—国际关系—研究 Ⅳ.①D81

中国版本图书馆CIP数据核字(2012)第304059号

国际贸易与国际直接投资对国际冲突的影响

作者:蔡　洁 ©　　责任校对:易　雯

责任编辑:王　胜　　封面设计:罗明波

编 辑 室:文字编辑室　　电　　话:027－67863220

出版发行:华中师范大学出版社

社址:湖北省武汉市珞喻路152号

电话:027－67863040(发行部)　　027－67861321(邮购)

传真:027－67863291

网址:http://www.ccnupress.com　　电子信箱:hscbs@public.wh.hb.cn

印刷:海军工程学院印刷厂　　督印:章光琼

字数:200千字

开本:880mm×1230mm　1/32　　印张:8.25

版次:2012年12月第1版　　印次:2012年12月第1次印刷

定价:25.00元

目　录

图表索引

导　论

一、研究背景与研究意义

（一）研究背景

当今世界，国与国之间爆发的实际冲突和存在的潜在冲突威胁频率都呈大幅度上升趋势，国家间利益诉求的差异性和不可共存性成为引发国家间冲突的主要导火索，这种利益之争包括政治、经济、军事、文化、科技等多个方面，这些方面既相互促进又相互制约，构成一个有机的整体。不同的历史时期，国家利益的内涵不同，实现国家利益的手段也存在差别，因此国家利益存在着差异性、层次性和多样性。在第二次世界大战以前，政治和军事利益是国家利益的核心主体，影响着双边乃至多边的经济或文化利益关系。因此霸权国家极尽全力谋求政治和军事上的优势地位，甚至不惜通过武力威胁和对外战争的手段。第二次世界大战后，使用传统的军事手段来实现国家利益的方式愈来愈受限，于是霸权国家转向新的途径以谋求国家利益，比如建立经贸关系、规制国际投资规则、进行经济技术援助等。但从“二战”结束到 20 世纪 70 年代初，国际关系一直处于“冷战”格局之下，经济利益还没有成为国家的核心利益，直到 20 世纪 90 年代东西方关系缓和之后，经济利益在国家利益中的核心地位才开始逐步凸显。

经济利益之所以越来越重要，是因为经济利益的获得与否以及获得程度，决定了国家其他方面利益的实现水平。美国学者罗伯特·吉尔平（Gilpin，R.）认为，利用国家来影响经济成果，就意味着经济问题趋向政治化①。王逸舟认为，在国际关系中，出现了越来越明显的世界经济政治化和世界政治经济化的互动融合趋势②。国际经济关系成为国际关系中的重要内容，各国之间经济外交活动越来越频繁，对国际经济组织和制度的协调要求也越来越高。国际经济关系不仅成为实现国际政治目标的有效手段，而且还明显带有国际政治的功能③。"冷战"后大量的历史事实表明，国际经济关系作为实现国际政治目标的有效手段的行为明显增加，各主权国家广泛进行国际经济协调活动，努力参与国际经济制度的制定，大力开展经济外交④。由于世界经济相互依赖的发展，经济因素在世界政治舞台中扮演角色的重要性日益提升，经济利益在国家和民族利益中都占据了主导地位。因而，在国际体系中，每个主权国家所追求的目标都是最大限度地实现和维护本国利益，其中尤以经济利益为甚。

经济手段可以成为解决其他利益冲突的途径，主要有以下几个方面的原因：第一，综合国力在国际格局中的相对高低，很大程度上决定了一国在国际事务中发挥作用的大小以及该国在国际

---

① 罗伯特·吉尔平．国际关系政治经济学［M］．北京：经济科学出版社，1989：8.

② 王逸舟．当代国际政治析论［M］．上海：上海人民出版社，1995：12.

③ 柳剑平．国际经济关系政治化问题研究［M］．北京：人民出版社，2002：71-73.

④ 柳剑平．国际经济关系政治化问题研究［M］．北京：人民出版社，2002：77.

舞台上地位的高低。经济实力是一国综合国力的物质基础和核心体现，从根本上影响一个国家的生存能力、发展能力和对外影响力。它是衡量一个国家在国际关系中所处地位的重要尺度，同时也是国家维护和实现国家利益的最重要手段之一。第二，以经济竞争为核心的国际竞争已日渐成为国际关系的主旋律。“冷战”结束后，人们从苏联的解体得出教训：一个国家的兴衰存亡，以及在国际社会中影响力的大小，是和这个国家的经济实力紧密相连的。不论是发达国家还是发展中国家，不论是资本主义国家还是社会主义国家，都在竞相抢占经济领域的制高点，国际关系中以军事力量为基础的权力竞争已经演变为以经济实力为核心的财富竞争，经济已从从属位置上升到主导地位。第三，追求国家经济利益最大化已成为推动国际关系发展的强大动力。经济利益是国家利益的物质基础和核心要素，不断追求国家经济利益的最大化是各国发展对外关系的重要动力。虽然不同层次的国家对自己经济利益的追逐方式不尽相同，各有侧重，但最终目标都是实现国家经济利益的最大化。第四，运用经济手段来调节国家间关系是当代国际关系发展的一大趋势。国际社会行为主体之间的交往，不管是从数量还是从内容上看，最多的还是与经济有关的交往。各国利用自己的资源区位优势和在资本、技术及劳动力等方面的比较优势，与他国开展经济合作是国际经济发展的主流。通过经济合作，各国不仅在经济发展上获得利益，而且通过合作，国家之间加强了相互沟通与了解，增进了各国人民之间的友谊，为缓解彼此矛盾和解决冲突提供了良好而有效的互信基础。第五，经济安全越来越成为当今国际关系中最看重的因素。经济安全作为国家综合安全的核心部分日益受到各国重视。“冷战”后，各国将维护自身经济运行的安全提上日程，由此，以经济发展为核心的综合国力的竞争成为了国际关系的主要特征。从国家的长远发展战略上讲，各国都将发展本国经济作为政府工作的重中之重，国家的经济发展战略成为一国生存和发展的长远大计。

在这种背景下，人们开始注重从国际社会存在的相互依赖关系中，特别是经济的相互依赖关系中，探讨影响和制约国际冲突的种种因素。著名哲学家康德（Kant，I.）曾在他的关于“永久和平”纲领中论证过贸易和经济相互依赖对和平的意义。与康德所处的时代相比，当代国际经济与国际政治间的相互渗透和相互作用，已变得更加明显，用经济手段缓解或解决政治及其他冲突的方法也更加受到人们的重视。于是，传统的国际关系学说中自由主义学派的核心命题——“贸易和平论”再次广为流行。同时，随着全球化的发展，国际直接投资对国际冲突的影响也开始引起了学者们的关注。从“冷战”后新的政治经济现实来看，国际贸易和国际直接投资既体现出冲突的一面，也体现出和平的一面。一方面，与国际贸易和国际直接投资相关的争端一直存在，涉及的领域和地区甚至有所扩大。另一方面，国际贸易和国际直接投资在某种程度上也能消减国际冲突，促进国际合作。而经济全球化进程又大大地推动了国际贸易和直接投资在全球的拓展，全世界的贸易额和直接投资量大幅地增加，贸易和直接投资所引致的国际合作也在不断发展。在这种情况下，研究国际贸易和国际直接投资对国际冲突的净效应，无疑具有重要的理论和现实意义。

（二）研究意义

从理论意义来看，本书的研究将经济学理论与国际关系学理论有机地结合在一起，试图运用经济学理论解决国际关系领域的问题。相对于纯经济学研究和纯政治学研究来说，该选题是二者的交叉和拓展，然而在交叉之中又有所侧重，即以经济学理论为主要立足点，研究使用的是经济学框架，分析的切入点是经济角度，所解决的政治问题则是经济手段的作用对象。

从现实意义来看，本研究与时代发展的主题相吻合。在以和平与发展为世界主题的今天，如何营造良好的多边环境已成为各国所亟须探讨的课题之一。在联合国成立60周年首脑会议上，胡锦涛主席提出要努力建立持久和平、共同繁荣的和谐世界，这是世界各国人民的共同愿望，也是人类社会发展的必然趋势。建立和谐世界，需要国际社会的每一个成员携手努力。胡锦涛主席在沙特协商会议上发表的题为《促进中东和平，建设和谐世界》的演讲中也指出，建立和谐世界，必须致力于实现各国和谐共处，必须致力于实现全球经济和谐发展，必须致力于实现不同文明的和谐进步。中国目前正处在国际环境的十字路口，面临不少潜在的冲突威胁。因此，研究国际贸易和国际直接投资对国家间冲突解决的净效应，从而有效利用经济手段来解决国际冲突，对建立和谐社会以及促进中国实现经济平稳有效地发展具有重要的意义。

二、研究内容和研究方法

（一）研究内容

本书研究内容共分为七章：

第一章叙述了国际冲突的概念、原因及量化方法。国际冲突包含的内容广泛，而由于经济学领域的多数学者关注的是贸易摩擦或投资摩擦，通常会将国际冲突理解为贸易摩擦或投资摩擦这类的经济摩擦，因此，本书特别要对国际冲突的概念进行界定。虽然国际冲突的概念在国际政治学领域有所提及，但由于本书论述的是用经济手段调解国际关系中的冲突，该手段并非在任何条件下都适用，这使得本书对国际冲突的界定更严格。接着本章分析了造成国际冲突的几个主要原因，要解决问题，首先需要了解问题的诱因，这样才能找到研究的切入点。本书分析的逻辑起点在于，引发国际冲突的首要原因是国家利益冲突，越来越多的国家成为经济理性的国家，将经济利益放在关键或核心的位置，它们在决定是否要采取冲突行为时通常会考虑经济利益的损失，同时经济利益的所得可以在很大程度上替代冲突所得，经济方面的合作又可以外溢到其他方面的合作，因此国际贸易和国际直接投资这样的经济手段可以在相当程度上消减国际冲突。本章最后阐述了对国际冲突测度的方法，并评价了几个量化分析体系，为后面的实证分析做了铺垫。

第二章是国内外对此领域研究现状的综述。由于国内学者对经济相互依赖和国际政治的关系进行的阐述多为定性的概括性描述，并且没有结合国际贸易和国际直接投资具体的特征进行分析，因此这一章综述的多是国外学者的文献。本章分三个方面来进行综述：国际贸易对国际冲突的影响、国际直接投资对国际冲突的影响、国际贸易和国际直接投资共同作用于国际冲突的影响。每个部分又细分为三小部分：观点、理论模型、实证检验。这与后面几章的研究框架是一一对应的。

第三章全面论述了国际贸易和国际直接投资对国际冲突的影响。国际贸易和国际直接投资对国际冲突的影响可分为引发和消减两个方面，本章分别对这两个方面进行了阐述和分析。然而值得注意的是，当国际贸易和国际直接投资共同作用于国际冲突时，国际贸易和国际直接投资这两者之间也会发生作用。基于此，本书把国际贸易和国际直接投资间的相互作用关系分为互补和替代两种，如果二者之间是互补的关系，则它们会相互促进对国际冲突的影响，如果二者之间是替代关系，则它们会相互抵消对国际冲突的影响。因此，本章第三部分对基于国际贸易和国际直接投资的不同类型关系下的对国际冲突的影响进行了进一步分析。

第四章是国际贸易和国际直接投资影响国际冲突的理论模型。本章用两国模型和多国模型对贸易、直接投资影响国际冲突的机制进行了探讨。在两国模型中，贸易和直接投资被分开讨论，因为在两国模型中，国际贸易和国际直接投资影响国际冲突机制的函数存在差异。多国模型是成本收益分析，贸易和直接投资的成本收益原理基本相同，因此用同一模型进行探讨。模型分析的结论是，国际贸易和国际直接投资可以减少国家发起冲突的激励，在贸易和投资自由化的状态下，这种作用显得尤为突出。本章第三部分应用博弈论的方法，讨论了贸易和直接投资的相对收益问题是否会诱发国际冲突，结论是，在多国模型中，贸易和直接投资所具有的弱点（相对收益问题）不会成为引发国际冲突的导火索，贸易和直接投资仍然是消减国际冲突的有力手段。

第五章用实证检验了国际贸易和国际直接投资对国际冲突的影响。为了说明结论具有普遍适用性，本章在做国际贸易与国际冲突的关系以及国际直接投资与国际冲突的关系时采用的是不同的数据。首先用 1991—2000 年亚洲国家两两之间的面板数据做联立方程组模型，证明了国际贸易对国际冲突的净效应为负，即具有消减作用。接着用经济合作与发展组织成员国加上中国、新加坡 1991—2000 年的面板数据，同样运用联立方程组模型，证明国际直接投资可以消减国际冲突，促进国际合作。最后用 1991—2000 年经济合作与发展组织成员国加上中国、新加坡两两之间的面板数据，做出向量自回归模型，使用脉冲响应和方差分解的方法，证明样本国家的国际贸易和国际直接投资可以相互补充进而促进对国际冲突的消减作用，且国际直接投资对国际冲突的消减作用比国际贸易更为显著。

第六章分析了国际贸易和国际直接投资消减国际冲突的现实最优条件。国际贸易和国际直接投资虽然具有消减国际冲突的净效应，但是由于贸易和直接投资同时具有引发国际冲突的正效应，因此如何趋利避害，在怎样的条件下能使消减效应得到最大程度的发挥值得探讨。该章的讨论主要结合第三章的分析，并在其基础上进行进一步的延伸。首先，分析了国际贸易消减国际冲突的现实最优条件，即当两个国家间的贸易关系对称、两国同属一个区域经济组织、两国进行贸易的商品弹性较小时，贸易具有最大的消减国际冲突的作用。其次，分析了国际直接投资消减国际冲突的现实最优条件，即在各国合理制定直接投资政策、有效管理投资活动、全方位多层次进行投资协调。最后，分情况讨论了当国际贸易和国际直接投资共同作用于国际冲突时，怎样使二者互补地对国际冲突进行消减。

第七章是本研究对中国的意义和启示。第一节分析了中国目前所面临的国际环境，并提出了和平解决潜在冲突的必然性和必要性。第二节指出了几个与中国（中国内地）有潜在冲突的国家和地区，分析了它们之间的贸易、直接投资以及冲突合作状况，指出贸易和直接投资对冲突的缓解作用。第三节提出了中国进行对外贸易和对外直接投资时需注意的问题及可采用的政策措施。本章的主旨在于将前面章节的理论分析与实践相结合，使其现实意义升华。

文章主要部分的框架结构如图 1 所示：首先，从理论模型、实证检验、现实最优条件三个方面分析国际贸易对国际冲突的影响；其次，从相同的三个方面分析国际直接投资对国际冲突的影响；再次，从这三个方面分析国际贸易和国际直接投资共同作用于国际冲突时对其产生的影响；最后，得出该理论对中国的启示和借鉴意义。

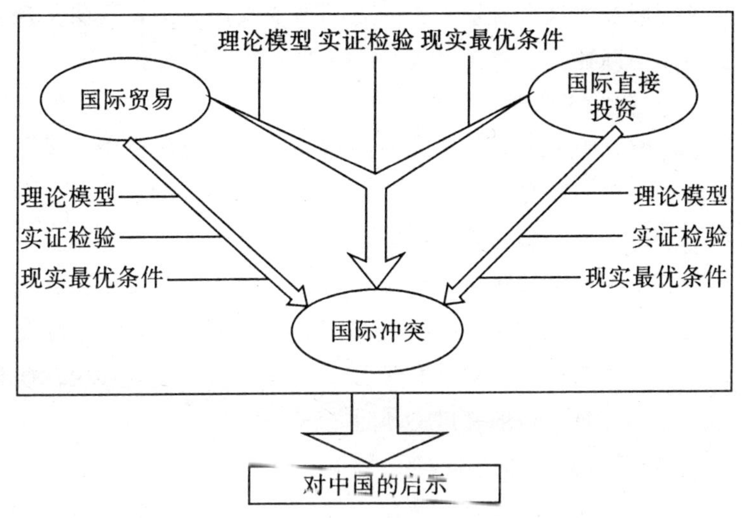

图 1 主要内容框架结构

（二）研究方法

本书主要运用经济学理论来对国际关系领域的问题进行研究。分析过程中运用了数理模型的演绎和推导，并通过计量经济学的实证分析方法对国际贸易、国际直接投资与国际冲突的关系进行了分析验证，同时运用博弈论的方法探究了国际贸易、国际直接投资影响国家间冲突的机制。从方法论的角度来看，本书将规范分析与实证分析、静态分析与动态分析、比较研究等具体方法有机地结合起来，采用推理法、演绎法，并辅以统计数据和图表进行分析和研究。本书研究方法的特点如下：

1．规范分析与实证分析相结合

从规范分析角度来看，本书运用经济学、国际关系学、国际政治学等领域的理论有针对性地阐述了国际贸易、国际直接投资与国际冲突之间应该是怎样的关系。从实证分析角度来看，本书测度了国际冲突这个变量，并结合其他变量的数据，证明了现实中贸易与国际冲突、直接投资与国际冲突之间的关系。

2．横向和纵向对比分析的结合

通过对比来发现问题和分析问题是经济问题研究中常见的研究方法。本书的研究采用了横向和纵向对比分析的结合：从纵向来看，国际贸易、国际直接投资对国际冲突的影响历史久远，由于国际系统中的国家数目在变化，贸易自由化和投资自由化的范围在变化，因此贸易和直接投资对国际冲突的影响也在随之改变；从横向来看，国际贸易和国际直接投资影响国际冲突的机制不尽相同，并且作用的程度大小也不同。

3．政治与经济的结合

本书主要探讨的是国际贸易、国际直接投资和国际冲突间的关系，然而由于所探讨内容属于政治和经济的交叉领域，因此单纯使用经济模型和政治模型都不能对其进行完全解释，需要将二者结合起来分析。首先，本书从政治角度分析了运用经济手段缓解国际冲突的理论可能性，即全球以和平与发展为主题；其次，又从经济角度分析了运用经济手段缓解国际冲突的现实可行性，即经济全球化和贸易投资自由化使得经济因素在一国决策中占有越来越重的比例。本书不仅是政治与经济的互动发展研究，且与以往学者侧重于研究政治对经济的影响不同，本书的研究侧重点是经济对政治的影响。

（三）本研究的主要特点

总体来说，本研究的特点主要包括研究角度和研究方法的创新。从研究角度来看，本书创新性地探索了国际贸易和国际直接投资对国际冲突的影响，更全面地审视分析了经济对国际冲突的影响。由于贸易带来的福利能大大提升国家的总体经济实力，因此不少国家把扩大本国产品在他国市场上的份额作为对外经济政策的主导性诉求，甚至是外交战略的重要内容。在经济领域，针对国际贸易，很多经济学家认为应该更多关注一国对外贸易及其增长，研究侧重于相对优势、产业结构和市场竞争态势等方面，至于贸易本身对国家间的冲突与合作会产生何种作用，经济学学者的研究一般只侧重在引发冲突方面，而没有更全面地审视国际贸易与国家间冲突与合作的相互作用；针对国际直接投资方面，经济学家近年来的研究焦点也主要集中在直接投资如何在国家间引起冲突，而没有关注到直接投资会消除国家间冲突。在政治学和国际关系学领域中，虽然对贸易与冲突之间的关系进行了一定的研究，但是对直接投资与冲突之间关系的研究甚少。研究方法的创新在于，在政治学和国际关系学领域，国际贸易与国际冲突的关系在20世纪80年代开始广受学者关注，但他们采用的多是现实主义学派的定性分析方法，而本书侧重于从经济学理论对该问题进行研究。本书在进行理论分析时采用了数理建模的方法，检验贸易、直接投资与国家冲突间的关系时运用了计量经济学的实证分析方法，同时运用博弈论的方法对贸易和直接投资影响国家间冲突的机制进行了进一步分析。

具体的贡献有：

1. 将国际贸易和国际直接投资结合起来分析对国际冲突造成的影响。虽然有国外学者分别研究过国际贸易对国际冲突的影响和国际直接投资对国际冲突的影响，但很少有学者对两者共同作用于国际冲突时所产生的影响做出分析。国内学者只抽象定性地研究过经济相互依赖对国际关系的影响，而没有具体深入地联系贸易和直接投资各自的特性，而本书不仅分别联系国际贸易和国际直接投资各自的特性来对其所造成的影响进行有针对性的分析，并且进一步将国际贸易和国际直接投资二者结合起来分析对国际冲突造成的影响，一则是可以比较国际贸易和国际直接投资作用机制的异同点，以及它们对国际冲突作用的大小区别，二则是更真实地贴近现实中的世界经济——国际贸易和国际直接投资往往同时存在并相互影响。

2. 全面分析了国际贸易和国际直接投资对国际冲突的影响，并提出消减国际冲突的现实最优条件。在以往的研究中，学者们在贸易究竟是引发冲突还是消减冲突的问题上一直存在争议，没有定论。而就此点，本书不仅阐述分析了国际贸易和国际直接投资对国际冲突的引发效应，同时分析了国际贸易和国际直接投资对国际冲突的消减效应，并且进一步根据理论模型和实证检验证明，国际贸易和国际直接投资对国际冲突的净效应为负，即可以消减国际冲突。最后，书中又提出了消减国际冲突的现实最优条件，即当国际贸易及国际直接投资对国际冲突的引发效应降到最低、消减效应达到最大时的现实条件。这使得本研究结论的成立被限定得更加准确。

3. 改进了国际贸易影响国际冲突及国际直接投资影响国际冲突的理论模型。本书用两国模型和多国模型较全面地分析了国际贸易和国际直接投资影响国际冲突的机制，并且在两国模型中将国际贸易和国际直接投资进行分别讨论，突出强调了两者各自的特殊性。国际贸易对国际冲突影响的两国模型的构建基于

Polachek和Reuveny的研究（Polachek，1999；Reuveny，2003），改进之处在于，他们的研究中假定两国间的关系只有一种状态，而本书则把两国间关系进一步划分为J国对K国和K国对J国两种状态，这与国际关系理论更加相符。国际直接投资对国际冲突影响的两国模型的建立基于Polachek的研究（Polachek，2005），改进之处在于，Polachek等人假定投资回报是投入资本的减函数，这与现实情况不符，而本书假定投资回报是投入资本的增函数，这更符合现实国际直接投资的特性，因为随着投入资本的增多，虽然资本回报率在到达一定额度后会降低，但投资回报却是增加的。多国模型的建立基于Dorussen（1999）和Hegre（2002），创新之处在于，Dorussen（1999）和Hegre（2002）的模型中都假设一国的所有资源都用来进行贸易，这与现实不符，而本书假定一国的一部分资源用于国内生产而另一部分用于贸易，或者一部分用于国内投资而另一部分用于对外直接投资，这与现实更为相符。建立贸易和直接投资共同作用于国际冲突的理论模型是个难点，目前学术界在该方面的研究还几近空白，本书用博弈论的方法探讨了贸易和直接投资的相对收益特性对国际冲突的影响。

4. 尝试了新的实证检验方法。在关于国际贸易对国际冲突影响的文献中，大多使用单方程固定效应或随机效应的方法对论点进行检验，但国际贸易与国际冲突间、国际直接投资与国际冲突间都存在相互影响，为克服内生性缺陷，本书采用联立方程组模型来进行分析。而目前关于贸易和直接投资对国际冲突共同作用的定量分析也几近空白，本书尝试着做出检验，但由于贸易和直接投资间有着较高相关性，不能用普通最小二乘法回归，也是本研究的另一个难点。因此本书在证明这三个变量序列平稳之后，构建了向量自回归模型，再用脉冲响应和方差分解的方法试对贸易、直接投资对国际冲突的共同影响进行分析。

5. 采用了具体的评估体系和新的国际冲突与合作数据进行实证分析。本书使用的是 Goldstein（1992）提出的评估体系，该评估体系将国际事件分为 195 类，分类标准较以往的评估体系更为详细具体。另外，本书使用新的国际冲突与合作数据来进行实证分析，更为全面。在以往的许多研究中，学者们通常采用 COW3.0（Correlates of War）版本中的冲突数据，但其数据不包括合作值，只表示每年发起国与目标国之间新发生的冲突，因此这个数据有较强的局限性。本书采用的是哈佛大学政策研究中心开发的 VRA（Virtual Research Associate）数据，该数据有两个优势：第一，使用既包含冲突又包含合作的数据，可以避免将数据局限在冲突范围内而可能导致的错误结论；第二，国家间关系由冲突和合作组成，这些数据就可以更全面地反映各种类型的冲突与合作关系——相互影响理论认为，贸易会增加贸易伙伴间的相互作用，这些相互作用既包含了合作也包含了冲突，因而 VRA 数据更加全面。在数据处理过程中，由于数据量大，筛选过程繁杂，本书使用了 C 语言和 SQL 语言进行处理。

第一章　国际冲突的概念、原因及量化

第一节　国际冲突的定义

一、冲突的界定

在词义上，“冲突”（conflict）包含有“战斗”（battle）与“战争”（war）的涵义，与合作呈相对状态，具体是指某一可认定的群体（不论是部落群体、种族群体、具有相同语言的群体、具有相同文化的群体、宗教群体、社会经济群体、政治群体还是其他群体）因所追求的目标相互抵触或看上去相互抵触而有意识地反对一个或几个其他可自我认同的群体[①]。在内涵上，冲突具有广泛性，既包括有形的经济、军事等因素的竞争和对抗，也包括无形的思想观念和文化制度的对立和摩擦；既包括使用暴力的军事战争，也包括不使用的暴力的文明冲突，比如外交对峙和新

① 詹姆斯·多尔蒂，小罗伯特·普法尔茨格拉夫著，阎学通等译. 争论中的国际关系理论［M］. 北京：世界知识出版社，2003：200.

闻媒体方面的对抗；既包括高烈度的对抗，比如大规模的战争，也包括低烈度的对抗，比如边境摩擦。冲突既发生在个人、小集团之间，也发生在国家乃至国际集团之间。作为人类群体间对抗的状态和行为，冲突是一种普遍存在于社会和国家间的永恒话题。在20世纪50年代，德国社会学家达伦多夫（Dahrendorf，R.）和美国社会学家科塞（Coser，L. A.）提出了冲突论，该理论强调社会过程是群体之间的冲突过程，认为人类社会不是均衡和谐的有机体，而是充满着不平等现象，并由此引起不同的利益冲突，如财富分配、政治权力、文化冲突等，进而导致统治者与被统治者、占有者和被占有者之间的严重对抗的团体。这些冲突和对抗会导致社会体制的变迁和重组，若不加控制，社会甚至可能解体。在国际社会中，民族国家之间同样会因各自追求的目标相互抵触或看上去相互抵触而产生冲突。就广义的“冲突”概念而言，国际冲突虽然只是冲突中的一类，但却正是国际关系学者所关注的对象。

二、国际冲突的界定

在国际关系的演进中，国家间的矛盾是普遍存在的，虽然并不一定会激化成国家间的战争，但却是国际冲突的根源。由于国际社会中矛盾双方的对抗和斗争不会消失，因此国际冲突是永恒的。刘易斯·科泽尔（Keizer，L.）认为冲突是一场“争夺价值以及少有的地位、权力和资源的斗争。敌对者的目的是压倒、伤害或消灭对方”①，而国际冲突“是国际政治实体之间矛盾尖锐化

① 畅征，王杏芳等．国际政治学［M］．北京：中国人民大学出版社，1995：262．

的产物，是矛盾各方为谋求自身利益或实现特定政策目标而发生摩擦、对抗和争斗的局面"①。在主权国家组成的国际体系中，国际冲突实际上是主权国家的一种互动和博弈，不论国家的性质如何，这种对外关系都是免除不了的，所不同的只是程度的差别而已，有的国家长期周旋于与别国的冲突中，而有的国家则独善其身，较少卷入国际冲突中。这种程度的差别取决于很多方面的因素，有内在的、有外在的，内在的因素包括政治、经济、民族、宗教或意识形态方面等，外在的因素包括国家所处国际环境、别国的政策等。罗伯特·吉尔平认为，国家间的冲突是空间的"接近"所造成的一个结果。他把冲突与国家扩张的空间相联系：只要国家间存在可扩张的空间，不平衡增长规律就不会影响整个体系的稳定。然而，当扩张达到一定的程度，即空间被占满了，一个国家的扩张就受到别国的限制，这时国际体系就进入了危险期，就会产生冲突。美国著名的国际政治学者卡勒维·霍尔斯蒂（Holsti，K. L.）在《国际政治的分析架构》一书中列举了国家间的冲突具有四种行为特征或表现：（1）两个以上国家各自拥有或多或少的互相不相容的目标；（2）一国认为另一国所采取的政策、要求和行为，正在损害或威胁到自身的利益和价值；（3）双方之间存在着对冲突构成限制的规则，即使双方进入战争状态，这种规则也是存在的；（4）一国为了保卫利益，抵制别国的要求，或者意识到彼此利益相悖后，为改变他国的行为而采取一定的行动。

国际冲突既可以表现为战争的形式也可以表现为非战争的形

---

① 畅征，王杏芳等．国际政治学［M］．北京：中国人民大学出版社，1995：262.

式，表现为哪种形式取决于国际冲突处于哪个阶段。国际冲突的发展阶段由低到高依次可分为：语言冲突阶段、警告阶段、力量显示阶段、国际危机阶段和国际战争阶段。低烈度的冲突通常会表现为一种互动，即一方采取了不友好的行动，受到侵害的另一方则会作出相应的回应。比如驱逐外交人员这种行为，当一方驱逐时，另一方（即被驱逐方）通常会立即作出报复行为。在多数情况下双方不会轻易采取战争的方式来解决冲突，而是倾向于选用比战争成本小的政策工具，比如国际法意义上的报复、显示武力、暴力性报复等。但是如果在报复和反报复过程中，出现对暴力性报复的反报复，即“以牙还牙”（tit-for-tat），且双方不能对这种报复情绪加以控制，则最终会走向最高烈度的冲突——战争。而按传统国际政治学的观念，国际冲突的参与者之所以甘愿冒国际冲突升级的风险，是为了在不断升级的国际冲突中谋求更大的利益。

三、本书中国际冲突的界定

在本书中，国际冲突指的是经济理性国家间的冲突，这些国家以国家经济利益最大化为目标，即这些冲突既不包括宗教狂热、意识形态或民族主义严重抵触的国家之间的冲突，也不包括经济理性的国家在涉及主权、宗教等国家极度重视的“生死攸关”问题上的冲突。作为冲突的一个类别，国际冲突具有复杂的结构，可能是一个主体的多个侧面或多个主体的不同层面，涉及多方面内容，并且有着不断变化的程度和范围。例如，巴以冲突就具有极其复杂的因素，既涉及巴勒斯坦立国问题、领土划分问题、水资源问题和宗教圣地问题，也涉及巴勒斯坦难民问题和犹太人定居点问题等。在它们之间既有武装冲突，也有非武装冲突，既有游击战，也有恐怖主义袭击。这种已是极端的国际冲突，国家在处理涉及这些冲突的问题时不太会考虑经济因素，因此不被定义为“经济理性的国家”，它们行为的指导思想不易用经济学原理分析，所以不属本书分析的范畴。

随着经济全球化的发展，越来越多的国家将经济利益放在国家利益的首位，并把经济安全作为内政外交的重点，因而发展经济成为整个国际政治的热点。比如美国就是经济利益至上的国家，美国国务卿希拉里认为美国在金融危机后的出路就在于重新回到经济谋略，她提出经济谋略是美国外交议程的核心之核心，即以经济的方式应对战略挑战。在 2012 年奥巴马和罗姆尼竞选国家总统的辩论中，最核心的议题就是经济发展问题，而其他社会问题都位于经济发展之后。“金砖五国”（中国、巴西、俄罗斯、印度、南非）同样也是以经济发展为主要目标，都出台了一系列政策促进本国的经济发展。然而也仍有一些国家和地区没有把经济利益放在国家利益的首要位置，它们极端追求宗教、民族主义等利益，对其重视程度远远胜于经济利益。这类国家和地区不属于经济理性的国家和地区，它们也不在本书分析之列。

第二节　国际冲突的原因

一、引起国际冲突的主要原因

国际冲突是由于国与国之间存在利益的差异或矛盾。学术界关于引起国际冲突原因的理论主要包括：国家利益对撞论、霸权主义横行论、民族主义论和文明冲突论。前两者从利益差异角度对引起国际冲突的原因做出了详细的分析，后两者则从矛盾角度进行了深入的探讨。

（一）国家利益对撞论

汉斯·摩根索（Morgenthau，H. J.）曾说过，“只要这个世界在政治上由国家组成，国家利益在世界政治中就具有决定意义”①。马克思主义国家学说的观点认为，国家利益是历史的产物，从根本上讲，就是国家主权利益。国家利益的主要内容包括：（1）国家安全利益；（2）国家经济利益；（3）国家政治利益；（4）国家文化利益和意识形态方面的利益。

国家利益是一国的最高利益，代表着掌握国家政权的统治阶级的利益，因此国际社会中各个国家所追逐的最根本的利益是国家利益，因此国际关系史就是一部各个国家为了各自的利益而交往、合作、摩擦、斗争的历史。国家利益具有阶级性和民族性，同时还具有社会公共利益的性质。国家利益之所以对于国际关系这般重要，主要原因可归为以下几点：第一，国家利益是各国制定内政外交政策的根本出发点和目标归宿。不论人们从属于哪个国家、哪个民族、哪个阶级、哪个利益集团，他们做出的决策或所支持的政策无一不是以国家利益为根本出发点和最终目标的。第二，一国对内对外政策的调整和变化主要受国家利益重点变化的左右。在“冷战”时期，东西方的尖锐对立突出了政治军事的重要性，世界政治格局中的主要大国纷纷把提高军事优势、维护国际政治军事安全放在国家利益的首位。“冷战”结束后，东西方两大阵营瓦解，政治和军事领域对国家安全的威胁已大大降

① 汉斯·摩根索．又一次“大辩论”：美国的国家利益，参见霍夫曼编．当代国际关系理论［M］．北京：中国社会科学出版社，1990：94．

低，而经济利益，随着科技的发展、社会的进步、社会生产力的持续提高地位不断攀升，占据国家利益的首要地位，因而各国纷纷出台各项经济发展内外政策，并积极发展利于经济发展的国际关系。第三，国家利益实现手段的变化对国际政治产生的影响也会随之变化。“冷战”时期，各国将军事实力作为实现国家利益的手段，军事实力处于主导地位。“冷战”结束以后，世界各国开始越来越多地运用经济和科技的手段来处理国际事务、追求国家利益——与军事手段相比，这一手段更隐蔽，更易于取得实效，获益的成本更低。

正因如此，国家利益的矛盾是国际冲突的根本原因。在某种意义上，国际冲突都源于国家利益的矛盾和对撞。

（二）霸权主义横行论

霸权主义是指一国凭借政治、军事和经济的优势，在全世界或个别地区干涉、破坏、控制他国主权，以谋求世界统治地位的政策。美国国家利益中的霸权主义倾向早在殖民时期就开始露出端倪——把本国利益说成是他国的利益甚至是全人类的利益。霸权主义最为典型的例证，就是美国历史上的门罗主义。“冷战”时期由于美苏各自奉行称霸全球的国际战略，因而“冷战”旷日持久，持续了 40 多年。“冷战”后，两极格局随着苏联的解体而消失，美国的霸权主义野心更加膨胀。克林顿政府于 1994 年 7 月发表的《国家参与和扩展安全战略》中正式提出了“参与和扩展”战略，明确提出了美国谋求领导世界，要在世界范围内扩展市场经济制度、美国的价值观念和世界自由民主力量的战略目标。这种美国霸权的延续和强化，削弱了经济、政治、文化等各个层面有利于和平的因素，使冲突的可能性明显增加，成为了后“冷战”时代国际冲突的主要原因之一。

霸权主义在20世纪90年代以后对国际冲突的影响表现得尤为突出。首先，霸权主义动摇了国际和平的国际法基础。“冷战”结束后，国家主权有被弱化的趋势，这一方面是经济全球化发展的结果，另一方面也是欧美等发达大国在政治上进行战略性安排的结果。美国和一些西欧国家领导人鼓吹一整套新干涉主义理论，动摇了国际和平的法理基石，严重破坏了国际关系准则。其次，霸权主义削弱了国际安全机制保障和平的功能。美国霸权主义的战略目标是使联合国成为贯彻美国意志和听从美国指挥的傀儡，只要当它认为联合国制约了其霸权主义的推行，就会强行贯彻美国意志，完全无视联合国的权威，因此美国霸权主义的日益膨胀破坏了联合国在维护国际和平与安全方面本应发挥的主导作用。

（三）民族主义论

民族主义是指一种思想感情，一种对于有共同语言和具有共同历史传统的团体的忠诚。现代意义上的民族主义，则是民族思想、民族学说和民族运动的统一，它作为资产阶级的一种思想工具在现实运动中产生，对建立资产阶级民族国家，维护其阶级利益起到了十分显著的政治作用，一直是现代世界进程中的重要动力之一。

由于国家的形成和发展受多种因素的影响，所以并非所有的国家都会成长为单一的民族国家。作为封建统治秩序在国家问题上的遗留，多民族国家和多国家民族仍是相当普遍的现象，这为由民族主义和民族问题引发国际冲突埋下了隐患。在20世纪之前，大民族主义是隐藏在欧洲主要大国的国家战略和外交政策背后制造矛盾的根源。泛日耳曼主义、泛斯拉夫主义、泛突厥主义、大俄罗斯主义、大塞尔维亚主义，以及所谓的法兰西精神、门户开放主张、光荣孤立政策等，都十分明显地反映了帝国主义时期大民族主义泛滥的历史现象，构成了国际冲突的重要根源。在“冷战”时期，民族主义由于受到社会主义和资本主义两种意识形态斗争的掩盖而未表现得非常明显。“冷战”后结束了东西两大阵营的对抗，各种民族矛盾和民族问题便重新浮出水面，民族主义开始显现得异常活跃。

(四) 文明冲突论

亨廷顿（Huntington，S. P.）对文明的定义是：文明是一个文化实体，是人类最高的文化集团，具有范围最大的文化认同。文明之间的最大区别不是种族或民族，而是宗教。亨廷顿列举了6条理由来说明文明为何会引发冲突①。

(1) 文明之间的差异是最为基本的差异。这些差异由历史产生且不会很快地消失，因此是比政治意识形态及政权等更为根本的差异。(2) 日趋频繁的民族间互动，将世界的距离拉得越来越近，不同文明的相互影响日益加深，这种影响反过来又会强化民族的文明意识，即自我认同，并由此激发彼此间由来已久的差异和仇恨情绪。由于不同文明之间的相互影响不断增强，使人们对文明间的差异有了更直观的感受，对其他文明的误解和敌对情绪可能更深了。(3) 世界经济的一体化与社会转型，削弱了民族国家的属性，使民族国家不再是相互认同的唯一标准，在世界许多地方，宗教以原教旨主义形式超越国界，提供认同的基础。

① 亨廷顿. 文明的冲突与世界秩序的重建 [M]. 北京：新华出版社，1998：22.

(4) 西方现在虽然处于权力高峰，但非西方文化正出现回归的现象①。(5) 相对于政治和经济，文明的特质与差异更不容易改变，亦很难调和与解决。即政治立场、经济地位可以改变，而文明固有的特性是不容易改变的。(6) 经济区域主义日益发展，它加强了文明意识，同时也说明经济区域主义只有根植于共同的文明中才能成功。

根据这6条理由，亨廷顿提出，由于人们往往是根据种族和宗教来界定自己的身份，因而，在不同的种族与宗教之间，存在一种相对对立的关系。当“冷战”结束后，政府与集团不能用意识形态来寻求支持与结盟时，它便会越来越多地诉诸于共同信仰与文明认同。文明的共同性，已取代政治意识形态与传统势力平衡，成为合作与结盟的首要基础，而在另一方面，文明的差别，也成为了国际冲突的根源之一。

二、本书分析的逻辑起点

在引发国际冲突的众多原因中，国家利益之争是根本原因，而在引发国家利益矛盾的众多因素中又以经济因素为主，这是本书分析的逻辑起点。“冷战”结束后，国家利益重点的转移，以及其对国际政治所产生的作用，也反映到了对国际冲突的影响中

① 亨廷顿认为，西方对于其他地区文明意识的发展具有双重作用，但其形式与以往不同。过去，非西方社会的精英通常是那些与西方有着千丝万缕联系的，在牛津大学、巴黎大学受过教育的，吸收了西方价值观的人。但是，这些非西方国家的大众往往仍然深受本地文化的影响。然而，现在这种情况正在发生逆转。在许多非西方国家，西方的文化行为方式和习惯在广大民众中越来越流行，而与此同时，精英阶层正在逐渐褪去西方色彩，日益本土化。在大部分国家和大部分宗教中，积极参加原教旨主义运动的大多是受到高等教育的中产阶层青年技术人员、专业人员和商业人员。

来。一方面，导致国际冲突的经济因素有所上升，另一方面，经济利益的实现可使国家减少其他方面的冲突。正因越来越多的国家把经济利益放在了国家利益的首要位置，才有本书分析的基础。

从以下几个方面可以看出经济利益在国家利益中的重要性。

首先，经济利益的争夺日益激烈。经济因素是大国关系中首要的、具有决定意义的因素，大国关系调整的前提是谋求、协调与平衡彼此的经济利益。随着现代化生产力的高度发展，一国综合国力的大小，不是主要看疆域大小或人口多少，也不完全是看军事力量对比，而关键是看其经济占有世界市场的份额、在国际分工与协作中所处的地位以及经济与科技发展水平。因此，由经济发展、资本收益、贸易结构、市场份额、技术水平、信息、人才和自然资源等构成的经济安全日益成为国家安全中最核心的部分，而经济利益也成为最直接的国家利益。据相关资料显示，“冷战”后爆发的国际冲突绝大部分都直接或间接地源于经济利益的争夺，例如，1998 年 5 月厄立特里亚与埃塞俄比亚爆发严重武装冲突，表面上看是领土争夺，而究其根本原因则是经济利益矛盾。而对领土争夺的加剧也不再仅仅基于国土政治观念，更多是为争夺依附于领土的重要资源，如水、石油、天然气、港口等，以期获得潜在的经济利益。比如土耳其和约旦的冲突原因之一是争夺水资源，海湾战争的实质是对中东石油控制权的争夺。

其次，各国在外交政策选择上倾注了更多的经济因素。经济实力和经济利益高居新秩序的各种奠基性要素之首，各国外交都服务于国家间经济竞争这一主题。美国是较早将其全球战略重点由军事争霸转向经济角逐的。因此，美国不但从战略上高度重视对外出口，如专门成立了“提倡出口办公室”，提出“新兴大市场”战略，推行咄咄逼人的对外经济政策，同时运用经济制裁与附加政治条件的经济援助两种手段打压其他国家。如美国对叙利亚、伊拉克、伊朗长期实行经济制裁，从而迫使其在政治上就范。此外，美国运用附加政治条件的经济援助来拉拢小国来推行其全球战略，如美国通过对中亚五国的经济援助来换取在这些国家建立军事基地和开发中亚的石油资源等好处。

再次，各国越来越重视经济安全。经济形势不稳会导致国内政局动荡，甚至引起社会动乱和武装冲突，因而，经济安全是最现实的国家安全。在“冷战”时期，经济因素只是国家安全战略中的附属因素，而在后“冷战”阶段，经济因素开始跃升为国家安全的主导因素。比如，在20世纪80年代，尼克松放弃“冷战”遏制转向推行“缓和”政策，以扩大经济文化交流，促进经贸发展。克林顿政府更明确提出将“经济安全”作为美国国家安全战略的三大支柱之一。1997年爆发的东南亚金融危机对有关各国间政治冲突的影响之所以明显，是因为各国国内的经济安全一旦遭到破坏，便会直接威胁政治安全，甚至导致社会动乱和冲突。经济安全问题成为国际关系中各国必须面对的新挑战，这说明经济安全在国家安全中逐步占据了首要甚至核心的地位。

需要强调的是，用经济手段解决国际冲突，并不意味着经济可以完全解决其他领域的所有矛盾，而是指经济方面的联系或伴随联系所带来的利益可以转移国家对某些方面矛盾的注意力。这种经济合作的利益一方面可以替代发起冲突可获得的利益，另一方面又加大了发起冲突的成本，所以具有消减或平抚冲突的作用。经济手段消减国际冲突有两层含义：一种是有潜在冲突，即国家间存在矛盾但冲突尚未爆发，这时采用经济的手段可以消减冲突的意愿，抑制冲突的爆发；另一种是冲突已经发生，但还处在较低烈度，经济收益和经贸联系可以缓和国家间关系，抑制冲突的进一步升级。

第三节　国际冲突量化的方法

一、量化分析的指导原则

本书后面几章中使用定性和定量相结合的方法，用理论模型和实证模型研究了国际贸易和国际直接投资对国际冲突的影响，实证分析需建立在对国际冲突进行量化的基础上，因此本节将论述量化国际冲突的方法。

从冲突到合作可视为一个连续的线段，最高级别的冲突（只有冲突没有合作）和最高级别的合作（只有合作没有冲突）分别是线段的两个端点，从冲突到合作表现为一个渐进的过程，行为体之间的任何互动不论程度高低都可确定为线段上的一个点。这样的点是一个事件的“度”，表示的是两者关系的状况，如果靠近冲突的一端，表示两者关系中冲突的行为较多，合作的行为较少，而如果靠近合作的一端，则表示二者关系中合作的行为较多，冲突的行为较少。如果点处于两端间的中点，则表示冲突与合作的因素大体相当。两者的关系随着时间的变化会发生变化，因此点也会向“合作”端或“冲突”端移动，表示两者关系的“改善”或“恶化”。不同的点代表冲突与合作的不同数值，任何一个事件，都可以确定为线段上的一个点。

以往有关国际关系的研究，常见的是基于理论范式的分析和基于经验主义的分析，量化分析比较鲜见。以“冲突—合作”模型作为研究国际互动的形式，是国际关系研究方法的一种转变。“冲突—合作”模型是定量分析的基础，可以对国际关系的进程进行数字化的分析和描述。比如在分析中美关系如何的时候，理论范式只能对两国关系进行概述，判断其好或不好，但量化分析则能以数量变化的方式描述这种关系变化的具体程度，因此它可作为理论范式分析的补充。

量化方法借鉴了国外学者所使用的"事件数据分析"（Event Data Analysis）的方法。"事件数据分析"是对国际关系现象进行科学分析，即汇集各种媒体所提供的公开信息，将国际行为体互动的事件转化为具体数据进行数学分析来得出所需要的结论的分析方法。"事件数据分析"开始于20世纪60年代，其代表性模型包括McClelland（1976）的世界事件影响调查（World Event Interaction Survey）和Azar（1982）的冲突与和平数据库（Conflict and Peace Data Bank）等。这些研究的开始最初是为了预警国际与国内不稳定的关系问题。在20世纪70年代美国国务院与国防部都组织过类似的研究项目，但并没有对外交政策产生长远的影响，主要原因在于，这些研究未能提供一种方便用户使用的分析工具，并且没有指导用户如何把这些数据与传统的非统计信息来源结合起来。因此，在20世纪80年代，大规模的信息数据搜集工作就停止了，只在较小范围内继续研究。到了20世纪90年代，由于计算机技术的突破性发展，资料处理数字化和自动编码技术大大降低了事件数据分析的成本，大规模的事件数据分析再度兴起。美国国家科学基金会（National Science Foundation）开始进行"国际关系中的数据发展"（Data Development in International Relations，简称DDIR）的项目研究。马里兰大学的"全球事件数据体"（Global Event Data System，简称GEDS）就是这个项目中发展起来的。哈佛大学政策研究中心也研究开发了"实际研究合作"（Virtual Research Associate，简称VRA）数据。这些研究模式具有重要的实践意义，其研究结论也渐渐进入了政策制定领域。例如，美国国防部在发展试验性早期预警体系中就采用了这样的研究数据。

事件数据分析的基本假设是假定绝大多数政治行为可以描述为行为体之间的互动，即“谁对谁做了什么”（who did what to whom），对行为体互动事件的描述包括四个要素：日期（date）、来源（source）、目标（target）和事件（event）。日期是指事件发生的时间，可以准确到具体某天的某个时刻。来源与目标是指国际行为体，可以是主权国家，也可以是非国家行为体。事件就是一个行为体对另一个行为体采取的行动，它可以转化为一个代码以便用计算机进行处理。事件数据分析共分五个步骤：第一步，选定事件信息来源，例如可以选定某个媒体提供的有关特定互动的全部信息或特定国家行为体间特定时段的信息作为分析处理的对象；第二步，制定对各种事件进行量化的标准及便于用计算机进行处理的代码；第三步，通过人工或机器进行编码；第四步，把事件转化为数据；第五步，处理和分析数据。

国外学者进行的事件数据分析研究所使用的分析模型有一些相当复杂，包括所有国家行为体与非国家行为体在一定时期的所有互动，如前文提到的 McClelland 和 Azar 的模型。如果只关注特定方面的互动，如外交与危机的研究，则数据分析研究相对简单。一般来说，双边关系的研究要简单一些，而多边关系的研究则复杂得多。但无论是双边还是多边，这些模型所涉及的事件数量都非常巨大，其研究都包括对几十万到几百万个数据的分析。

国内对国际关系的定量研究比较不足。阎学通等（2010）在《中外关系定量衡量》一书中所建立的中外关系量化数据库是中国学者的一次大胆尝试，也是中国国际关系定量研究方面建立的第一个数据库。该量化数据库主要记录的是中美、中日、中俄、中英、中法、中印、中德七组双边关系中的重要事件。

二、量化分析的评估体系

（一）国内学者采用的评估体系

李少军（2002）尝试量化了中美关系，评估时段是克林顿执政的 8 年（1993—2000 年），对象只涉及中美间的政治、外交关系，评价体系如表 1-1 所示。

表 1-1 国内学者的冲突—合作评估体系

数值	内容
64	实现国家一体化
32	结成同盟
16	取得显著合作成果（如签订协定，实现首脑会晤，采取共同行动等）
8	采取积极的国内行动（发布、通过积极的法案、法令、政府报告等）
4	采取积极的外交行动（互访、会谈、致信、通电话等）
2	发表积极言论（表示赞赏、道歉、希望推动接触、消除误会等）
1	表示关注（积极意义上，一般评论，带有赞许）
—1	表示关注（消极意义上，一般批评，带有警惕）
—2	表示消极言论（辩解、不满、不信任，一般指责）
—4	强烈抗议、坚决反对、严正交涉、严厉驳斥
—8	采取消极行动（通过政府报告、议案，中止交往，实施制裁，显示武力等）
—16	采取极端外交行动（如召回大使、断交等）
—32	采取军事打击行动
—64	发动全面战争

资料来源：李少军．“冲突—合作模型”与中美关系的量化分析［J］．世界经济与政治，2002 年第 4 期。

该评估体系依据各种事件对国际关系的不同影响，把合作到冲突分成 14 个等级，其中属于合作和冲突的等级各有 7 个。合作事件的数值为正，冲突事件的数值为负。最低程度的合作取值为

1，每上一个档次，取值乘以 2。最高程度的合作取值为 64。冲突事件的取值方法与合作事件相同，最低程度的冲突取值为－1，每上一档次，取值乘以 2，程度最强的冲突，取值为－64。这样取值的主要目的是为了让统计结果的波动更明显一些，以便进行分析。但这个评估体系的不足之处在于，事件只分为 14 个等级，类别划分不够细致，不足以体现出事件间的差别。

（二）部分国外学者采用的评估体系

冲突—和平数据库（Conflict and Peace Data Bank）采用的评估体系如表 1-2 所示。

表 1-2　冲突—和平数据库评估体系

	等级	权重值
冲突	15	102
	14	65
	13	50
	12	44
	11	29
	10	16
	9	6
中立	8	1
合作	7	6
	6	10
	5	14
	4	27
	3	31
	2	47
	1	92

资料来源：根据马里兰大学研究开发的 Conflict and Peace Data Bank 评估标准整理。

该评估体系依据各种事件对国际关系的不同影响，把事件一共分 15 个等级。其中第 1 级到第 7 级表示合作，第 9 级到第 15 级表示冲突，第 8 级是中间值，事件权重值为 1，等级越高则代表冲突烈度越高，比如第 15 级，其权重值就是中间值的 102 倍。这 15 级分别代表不同的事件，比如第 15 级代表爆炸、袭击、攻击、炮击、抢掠、刺杀、伏击、发起进攻、占领；第 9 级代表谴责、否认、表达不满、警告、没有达成一致意见等；第 7 级代表讨论、陈述、非国家领导的访问、声明、邀请、协商、承认、建议等；第 1 级代表完全一致的同意。这个评估体系与前一个评估体系存在同样的不足之处。

（三）本书所采用的评估体系

Goldstein 提出了一个标准，可将 IDEA 的代码与事件分值匹配起来（Goldstein，1992），如表 1-3 所示。

表 1-3 Goldstein 的事件对应值

分值	IDEA 代码	事件描述	分值	IDEA 代码	事件描述
8.3	072	提供军事援助	−2.8	12	控告
7.6	074	集中支持	−3	161	警告
7.6	073	提供人道主义援助	−3	16	警告
7.4	071	提供经济援助	−3.4	122	声讨或诽谤
6.5	081	制定实质性协定	−3.8	194	终止谈判
5.4	064	改善关系	−4	1134	打破法规
5.2	0523	承诺人道主义援助	−4	1132	揭露信息
5.2	0522	承诺军事支持	−4	1131	政治避难

续表

分值	IDEA代码	事件描述	分值	IDEA代码	事件描述
5.2	0521	承诺经济支持	—4	113	挑衅规则
5.2	052	承诺物质支持	—4	1123	否决
4.8	083	合作	—4	1122	中间审查
4.8	08	同意	—4	1121	实施宵禁
4.7	05	承诺	—4	112	拒绝同意
4.5	051	承诺政策或非物质支持	—4	111	否决建议
3.5	0432	谅解	—4	11	拒绝
3.5	04	赞同	—4.4	2122	政治逮捕和拘留
3.4	093	请求物质援助	—4.4	2121	犯罪逮捕和拘留
3.4	092	请求支持	—4.4	212	逮捕和拘留
3.4	043	同情	—4.4	171	非具体的威胁
3.4	041	赞扬	—4.5	1963	管理制裁
3	082	同意或接受	—4.5	1961	打击
2.9	065	减轻制裁	—4.5	196	打击和抵制
2.8	054	保证	—4.5	19	制裁
2.8	033	主办会议	—4.9	151	查问
2.5	062	发出邀请	—4.9	15	查问
2.2	0655	解除宵禁	—5	201	驱逐
2.2	0654	武装部队复员	—5	20	驱逐
2.2	0653	解除管理制裁	—5.2	1813	抗议诋毁
2.2	0652	解除审查	—5.2	1812	抗议游行

续表

分值	IDEA代码	事件描述	分值	IDEA代码	事件描述
2.2	0651	停战	−5.2	1811	抗议阻碍
2.2	0632	疏散伤员	−5.2	181	抗议示威
2.2	063	提供避难处	−5.6	193	减少或停止援助
2.2	06	拨款	−5.8	172	制裁威胁
2.2	0431	道歉	−6.4	175	非军事威胁
2	013	承认责任	−6.4	17	威胁
1.9	066	释放或返还	−6.8	2112	游击队强占
1.9	032	会见	−6.8	2111	警方强占
1.6	0933	请求人道主义援助	−6.8	21	强占
1.6	0932	请求军事援助	−6.9	183	限制聚众
1.6	0931	请求经济援助	−6.9	1814	反对利他主义
1.6	09	恳求	−6.9	18	抗议
1.5	1011	提供和平计划	−6.9	174	最后通牒
1.5	101	和平计划	−7	2231	军事冲突
1.5	03	磋商	−7	195	断绝关系
1.2	102	提倡行动	−7	1734	威胁军事战争
1.1	01	屈服	−7	1733	威胁军事占领
1	031	讨论	−7	1732	威胁军事封锁
0.8	10	提议	−7	1731	威胁军事打击
0.6	012	放弃阵地	−7	173	武装威胁
0.6	011	屈服于命令	−7	1827	军事边境侵犯

续表

分值	IDEA代码	事件描述	分值	IDEA代码	事件描述
0.1	091	询问信息	−7.6	1826	军事边境加强
0.1	024	乐观评价	−7.6	1825	军事动员
0	99	体育比赛	−7.6	1824	陆军演习
0	98	执行	−7.6	1823	海军演习
0	97	事故	−7.6	1821	军事警报
0	96	自然灾害	−7.6	182	军事演习
0	95	人类死亡	−8.3	224	暴动或政治骚动
0	94	人类疾病	−8.7	221	轰炸
0	72	动物死亡	−9.2	2236	军事占领
0	27	经济地位	−9.2	2123	诱拐
0	26	调整	−9.2	211	强行占有
0	25	投票	−9.6	2228	暗杀
0	24	裁定	−9.6	2227	游击队袭击
0	2321	政府不履行支付	−9.6	2226	准军事袭击
0	2312	私人交易	−9.6	2225	折磨
0	2311	政府交易	−9.6	2224	性侵犯
0	231	交易	−9.6	2223	体罚
0	23	经济行为	−9.6	2222	枪击
−0.1	094	请求保护	−9.6	2221	打败
−0.1	022	悲观评价	−9.6	222	身体攻击
−0.1	021	拒绝评价	−9.6	22	武力

续表

分值	IDEA代码	事件描述	分值	IDEA代码	事件描述
－0.9	141	否认责任	－10	2237	使用生化武器
－1	14	否认	－10	2235	攻击
－1.1	0631	答应庇护	－10	2234	军事占领
－2.2	192	减少日常事务	－10	2233	突袭和兵变
－2.2	121	批评或指责	－10	2232	军事袭击
－2.4	132	正式控诉	－10	223	军事决战
－2.4	131	非正式控诉			
－2.4	12	控诉			

资料来源：根据 Goldstein（1992）评估标准整理。

从 Goldstein 的事件对应值的表中可看出，负值表示冲突，正值表示合作，零表示自然灾害和中性的社会活动。数值中最低的负值是－10，表示最激烈的冲突，冲突事件的绝对值减少表示冲突降低。最高的正值是 8.3，表示最高层次的合作。这个分类标准在 20 世纪 90 年代末开始被广泛接受。该分类标准划分更详细，事件可以被更好地区分，不会出现许多不同的事件对应同一个值的情况。本书在做实证检验时采用的就是该评估体系。

本章小结

本章定义了国际冲突的概念，分析了国际冲突的原因，并阐述了对其进行量化分析的评估体系，为后文分析做了铺垫。由于本书分析的侧重点在于使用经济手段解决政治领域的问题，而非解决经济领域的矛盾，因此需要特别强调国际冲突的概念，以免引起歧义。在阐述了国际冲突的一般概念后，本章又用排除法说明了本书对国际冲突的特别界定。提出问题的目的在于解决问题，而要解决国际冲突则需探究引发冲突的原因，因而本章在第二节中对此进行了分析。在归纳了几个引发国际冲突的主要原因后，本章进一步指出了本书分析的逻辑起点，即由于越来越多的国家把经济利益放在国家利益的首位，因而有了可用经济手段解决国际冲突的可能性。本书的实证分析建立在对国际冲突进行量化的基础上，因此在第三节中论述了量化国际冲突的方法，介绍了量化国际冲突的几个分析体系，本书使用的是分类最详细的一个，即 Goldstein 的事件对应值标准评估体系，这是为后面的实证分析做准备。

第二章　文献综述与评价

第一节　国际贸易对国际冲突的影响

一、国际贸易影响国际冲突的观点

关于国际贸易对国际冲突的影响，国外学者主要有以下几种观点：（1）贸易消减冲突、促进和平；（2）贸易既可能导致冲突，也可能消减冲突，取决于具体的情形和条件；（3）贸易增加冲突；（4）贸易与冲突没有关系。由于一些基础概念、理论和数据使用的差异，使得国际贸易对国际冲突影响的结论不统一。

早期的关于贸易对国际冲突的研究并非分析贸易对国际冲突的直接影响，而是从国际系统的角度进行分析。关于贸易对国家间关系影响的研究开始于18世纪，著名哲学家康德在他的“永久和平”纲领中曾论证过贸易和经济的相互依赖对和平的意义。20世纪中叶该领域的研究以古典自由主义学派为代表，该学派认为，贸易能缓和经济与社会的矛盾（Angell，1913；Selfridge，1918；Viner，1937）。例如，Angell（1913）指出经济的相互依赖越高，则越不可能发生冲突。Deutsch 等人的研究认为，贸易和其他形式的跨文化交流可以促进“共同感”的发展，使国家不倾向用暴力的方式来解决冲突（Deutsch et al.，1957）。然而，第一次世界大战和第二次世界大战的爆发，对自由主义学派的观点形成了严重的挑战。于是，Hirschman（1945，1980）在“二战”后最先提出了“互惠贸易对依赖和主导权的影响”的观点。其后，马克思主义者和相互依赖学派的学者在做贸易对冲突影响的研究时都是基于 Hirschman 的框架，认为“贸易促进和平”的假定是基于既定经济关系中相互依赖类型，即对称的贸易可以促进和平，但不对称的依赖会使国家间关系紧张，并发展为冲突。20 世纪 80 年代的经济繁荣和 90 年代苏联的解体使对贸易影响冲突的研究出现了一种新视角。在民主和平的文献中一些学者越来越多地提及经济自由化，贸易和冲突的关系开始受到关注。与之前侧重于研究贸易间接波及冲突的文献不同，此时兴起的研究主要关注的是贸易和国际冲突间直接的关系。贸易—冲突的关系由于一些基础概念的不同而存在差异，理论片面、数据模糊使结论不统一，不过还是取得了一定的进展。除了对贸易和冲突的总体研究外，学者们还研究了贸易对冲突的作用如何随贸易品的变化而变化。Polachek 的研究认为战略商品的贸易可以消减冲突，比如石油（Polachek，1980）。Reuveny 和 Li 考察了一系列不同的商品，认为制造业产品的贸易对冲突的平抚作用比非制造业产品的贸易强（Reuveny and Li，2004）。

支持贸易对国际冲突有消减作用的学者认为，贸易之所以对国际冲突有减缓作用，是因为：第一，贸易将使资源得到最有效的配置，提高贸易参与国的整体财富水平，而冲突会中断贸易导致经济损失，因此考虑到冲突的机会成本，国家不会轻易选择冲突战略（Polachek，1980，1999；Rosecrance，1986；Dorussen，2006；Valentin，2006）；第二，贸易可促进国家间信息的交流，从而避免国家间由于信息不充分而爆发战争。对称的信息可以降低不确定性，当两国有了利益冲突的苗头时，可用贸易来传递信息而不用通过政治谈判或武力手段解决（Stein，2001）；第三，贸易会削弱国家间的敌意（Süheyla and Nur，2001）。经济领域的合作机制可以扩展和外溢到其他领域，使合作领域扩大，合作层次提高。在不断加强和深化的合作中，有可能建立争端解决机制，确立共同的利益预期和规范，从而改变贸易伙伴国的态度和观念，使它们发展成为“安全共同体”，从而实现国家间的和平（Snitwongse，1998）；第四，贸易的利益集团会影响国家的内部经济乃至政治联盟和政治制度，从而影响国家决策。当贸易部门的力量占上风时，他们会促使国家采用和平而非冲突战略（Schneide and Günther，2005）。

认为贸易对冲突的影响取决于具体情形和条件的学者以Hirschman为主要代表人物。Hirschman（1945，1980）在“二战”后提出了“互惠贸易对依赖和主导权的影响”，他通过强调不对称的相互依赖的负面作用证明了贸易的影响力，并发现不对称贸易关系在相互依赖的国家间具有很强的负面影响。Waltz（1979）叙述了国家不愿在经济交换中获得不平等的利益。根据Waltz的观点，更高的相互依赖提高了冲突的可能性。Grieco（1988）在Waltz（1979）观点的基础上提出了“相对利益论”，评估了贸易伙伴间合作的可能性。Barbieri也认为，对称的相互依赖减少冲突，而不对称的相互依赖导致更多的冲突（Barbieri，1996）。我国学者的研究也注重强调了经济相互依赖是否对称对国际冲突的影响（苏长和，1998；梅然，1998）。

持贸易增长会引发冲突观点的学者认为，一方面，贸易可间接地引发冲突。国家担心对方的经济实力会转换成军事实力，或贸易增长产生的国家力量变化及权力转移会对自己的安全构成威胁，因而发生冲突（Mearsheimer，1990）；另一方面，贸易本身也可能引发冲突。随着贸易的增加，国家之间的接触面也因此扩大，诸多争端也会随之出现（Waltz，1979）。

还有学者认为贸易和平论和贸易冲突论都忽略了贸易同时产生合作与冲突的可能性，主张贸易和冲突之间没有系统的逻辑联系（Copeland，1996）。

二、国际贸易影响国际冲突的理论模型

学术界用于考察国际贸易影响国际冲突的理论模型主要有预期效用模型、合作博弈模型和非合作博弈模型，各种模型的典型研究文献如表 2-1 所示。其中，使用较多的理论模型是预期效用模型，该模型基于“贸易促进和平”的假定，分析的前提为破坏贸易是有成本的。Polachek（1980，1999）认为，好战的代价是会潜在增加贸易的价格，导致贸易量越大，相对应产生的贸易带来的冲突的代价越高，对冲突的需求越低。进而他得出结论，经济相互依赖程度越高的国家发生冲突的倾向性越低，当冲突的边际收益与边际成本相同时，一国达到发生冲突的最优水平。预期效用模型提供了一个贸易促进和平的假说，但忽略了国家间战略相互依赖的联系，而且未区分不同级别和不同种类的冲突，与用分级的标准衡量事件数据的方法不符。

现实主义学派的学者用合作博弈模型来解释贸易和冲突的关系，它最初由 Grieco（1988，1990）创建。他认为一国的效用函数不仅应包括本国的收益，还应包括本国与它的伙伴国间收益的

差距。Grieco强调，将相对收益纳入长期分析克服了在短期中存在的合作收益问题。由于合作产生的外部性会使国家获得更多收益，于是避免了长期合作中国家间收益不均。Grieco在建立博弈模型时，没有注意到模型与国际政治经济现实的差别，仅在“冲突”和“合作”中做选择是不准确的。

另一些学者用非合作博弈模型弥补了合作博弈模型中的缺陷。20世纪90年代初，Powell（1991）用马可夫完美均衡来推翻Grieco的观点时，开始运用非合作博弈模型进行该项研究。在Powell（1991）构建的简单最优关税模型中，国家有三个选择，包括了拒绝与另一国正面冲突的选项，这在传统的两国博弈中是被忽略的。Morrow（1997）的模型强调了利益的分配，并加强了对国家间关系的考虑。Morrow的研究说明，敌对国家间的贸易即使在战争时期也是存在的，但由于情形的复杂性，模型与他所说的框架并不完全相符，因而用这种方法分析得到的贸易与冲突的关系有局限性。

表 2-1 国际贸易影响国际冲突的模型

模型的类型/作者	发起国的数目	模型中的变量	贸易对国际冲突的影响
预期效用模型			
Polachek（1980）	1	预期	负
Copeland（1996）	1	预期	负/正
Polachek（1997）	1	民主	负
Polachek（1997）	1	距离（运输成本）	负
Polachek等人（1999）	1	国外援助，邻近性，国家规模，市场力量	负
Dorussen（1999）	1	冲突获胜可能性	正

续表

模型的类型/作者	发起国的数目	模型中的变量	贸易对国际冲突的影响
Hegre（2002）	1	冲突获胜可能性	负
Reuveny 等人（2003）	2	他国的冲突	负
合作博弈模型			
Grieco（1990）	2	相对收益	正
Snidal（1991）	2	相对收益	负
Powell（1991）	—	资源的分配	负
非合作博弈模型			
Gowa（1994）	2	极，相对收益	负
Skaperdas 和 Syropoulos（1996）	2 和大于 2	武器	两个发起国时为负/多个发起国时为正
Morrow（1997）	2	资源的分配	可忽略/负
Dorussen（1999）	大于 2	力量的均衡	负，但由系统的规模决定
Süheyla（2001）	大于 2	资源的分配	负
David（2001）	2	—	负

三、国际贸易影响国际冲突的实证检验

关于贸易对冲突影响的经验分析在 20 世纪 90 年代迅速发展起来。由于对贸易和冲突的测量方法不同，采用的控制变量不同，使得结论存在着争议，如表 2-2 所示。最早的经验分析是研究贸易对国际关系的影响，得到的结果是贸易和冲突之间是正相关的关系。早期的研究被认为没有后期的经验分析可靠，因为早期的学者们没有控制一些与贸易和冲突都相关的易混淆的影响因素，其后的大多数研究纳入了其他控制变量。Polachek（1980）

的双边分析给后来的贸易—冲突研究提供了依据，他揭示了贸易和冲突之间的负相关关系，但他的研究对象只是几个有限的国家间关系，这使人们对贸易消减冲突这个结论的普适性存在质疑。另外，Polachek（1980）的研究强调的是贸易对总体双边关系的影响，即不把冲突分级。这与他早期研究的结论矛盾，早期他把冲突按级别区分开时，贸易对最高级别的冲突和最低级别的冲突都有正向的影响，即贸易会增加冲突。

表 2-2 国际贸易影响国际冲突的实证方法

作者	分析的时段及对象	方法	结论
Russett（1967）	1946—1965 年 41 对国家	因子分析	贸易对冲突的作用为正
Wallensteen（1973）	1920—1968 年 144 对国家	因子分析	贸易对冲突的作用为正
Polachek（1980）	1958—1967 年 30 个国家	OLS	贸易对净冲突的作用为负
Gasiorowski 和 Polachek（1982）	1967—1978 年 美国与华沙条约缔约国	OLS	贸易对净冲突的作用为负
Gasiorowski（1986）	1948—1977 年 130 个国家	OLS	复合作用
Domke（1988）	1871—1975 年 双边国家	Probit	复合作用
Polachek（1992）	1948—1978 年 11 个国家	OLS	贸易对净冲突作用为负
Mansfield（1994）	1850—1964 年 国际系统	OLS	贸易对净冲突作用为负

续表

作者	分析的时段及对象	方法	结论
Barbieri (1995)	1870—1985 年 双边国家	Logit	贸易对军事冲突作用为正
Oneal 等人 (1996)	1950—1985 年 政治相关的国家	Logit	贸易对军事冲突作用为负
Barbieri (1997)	1870—1985 年 双边国家	Logit	贸易对军事冲突作用为正
Oneal 和 Russett (1999)	1950—1985 年 政治相关的国家	Logit	贸易对军事冲突作用为负
Kim (2000)	1951—1992 年 政治相关国家	Logit	贸易对冲突作用为负
Gartzke 和 Li (2003)	1950—1992 年 所有政治相关国家	Logit	贸易对冲突作用为负
Polachek 和 Seiglie (2006)	1963—1980 年 OECD 国家	Logit	贸易对冲突作用为负

Gasiorowski（1986）对 Polachek 的研究提出了不同意见，他提出另一种量度冲突的方法来解决事件数据中的问题，并改进了量度相互依赖的方法。Gasiorowski 的结论是，贸易的有利方面会促进和平，但贸易的不利方面会增加冲突。Barbieri（1995）发现，相互依赖的不同侧面对冲突会产生不同的影响。Barbieri（1995，1996，1997，1998）的研究集中在贸易对最高烈度的冲突——军事争端和战争的影响。她假定贸易关系有对称和不对称之分，在不同的贸易关系下，贸易对冲突产生的作用不同，在贸易关系不对称时，贸易与冲突有正相关关系，不论冲突表现为普通争端还是战争；而在贸易关系对称时，贸易能消减冲突（Barbieri，1998），这也是 Rosecrance（1986）和 Domke（1988）

的观点。

Oneal等人（Oneal and Ray，1997；Oneal and Russett，1997，1999；Oneal et al.，1996；Russett et al.，1998）用多阶段的分析方法研究贸易和军事争端间的关系。同Barbieri一样，Oneal和Russett着重研究贸易和军事冲突间的联系。与Barbieri不同的是，他们将贸易纳入更宽的研究框架（Russett et al.，1998），他们的结论是，贸易和冲突是负相关的。Oneal和他的同事们的研究比前人的进步主要表现在，他们改善了数据和量度方法，扩展了基本模型，并采用了新的统计方法。他们后期的研究把离散因变量模型中的当期相互依赖作为了因变量，但他们没有具体证明贸易对冲突的影响。

由于选用的贸易数据和汇率指标不同，不同的国家报告的双边贸易值不同，处理缺失数据的方法不同，因此，即使学者研究的是同一时期中同样的国家，结论也会有差异。另外，官方贸易数据是否是衡量交易量的准确指标也是一个问题（Yeats，1990）。在某些情况下，贸易额本身并不能反映国家间的政治联系或一国的经济状况。

第二节 国际直接投资对国际冲突的影响

一、国际直接投资影响国际冲突的观点

随着全球化的飞速发展，学者们开始研究跨国公司国际直接投资（Foreign Direct Investment，简称FDI）对国际冲突的影响。学者们分为两派，分别认为直接投资对国际冲突有影响和没有影响。支持前种观点的学者从马克思主义的研究视角出发，假定跨国公司是一国与另一国抗衡时必不可少的一部分，跨国公司从属

于投资国，而投资国是国际系统中的核心行为者（Hymer，1976；Cox，1987；Gunder，1967），跨国公司的FDI与其投资国的对外政策间存在某种联系，因此FDI会影响国际冲突的发生（Vernon，1971；Gilpin，1975，2001；Nye，1974）。由于FDI具有贸易所不具备的特质，因此它能比贸易更有效地减少国家间的冲突（Polachek et al.，2005，2006）。另一方面，也有学者认为，国际直接投资与国际系统之间没有关系。跨国公司在国际系统中越来越成为独立的行为者，它们日益增强的重要性削弱了国家的地位，Ohmae（1990）认为，跨国公司的FDI和一国投资政策间几乎没有什么联系，因此也不会对国家冲突产生影响。这是由于Ohmae过于强调跨国公司的独立性造成的，他认为不存在某个国家的跨国公司，而只有在某个国家经营的跨国公司，跨国公司不受国界的限制。

认为国际直接投资的增加对冲突有消减作用的学者的观点主要可以分为以下三种：

第一，FDI给国家提供信息，使国家能够通过信息的交流和共享来阻止冲突的发生（Fearon，1995；Gartzke et al.，2001；Lee，2005）。Brooks（1999）认为FDI使信息透明化，改变了国家参与冲突的意愿。国家可以通过跨国公司提供的信息获得外部资源和供给，而不必通过冲突去获取信息，因此发起冲突的意愿会相应减小。Gartzke，Li和Boehmer（2001）提出，经济依赖会促使国家参与信息的交换，国际直接投资是信息交换的媒介，它消除了信息不对称这个引发冲突的重要因素的影响。信息的公开透明减少了国家对军备竞赛的需求，从而促进和平（Fearon，1995）。

第二，FDI增加了冲突的机会成本，因此会激励国家采用和平的对外政策（Rosecrance，1999）。冲突会加大投资风险，减少潜在的收益，导致投资损失，因此投资者会对其很关注（Robock，1971；Simon，1982；Wells，1998）。比如，军事冲突带来的风险表现在：生产场所可能会被破坏，雇佣工人可能会受伤或遇害（Haendel，1979；Robock，1971）；生产会因工人漂泊不定或生产的原材料供应不足而中断；市场的作用会被打乱，使生产和销售的计划产生不确定性（Howell，1992；Agtmael，1977；Kobrin，1982）；同时，政局会因战争而发生变化，从而加剧经济的不确定性。因此，冲突导致的高风险及国际直接投资中断所带来的损失使东道国不愿陷入冲突之中。对投资国来说，跨国公司投资于外国是因为它们想获得更高的利润，预期收益越高，一国就越希望对外投资。而投资的收益取决于东道国市场规模和发展潜力等因素（Agarwal，1980；Schneider and Frey，1985），如果一个市场冲突频发，则不确定性加大，预期收益减少，那么进入该市场的投资就会随之降低，因此投资国也不愿发生冲突。于是，东道国和投资国都会更依赖与贸易、直接投资相关的国际商务活动，而不是去选择发生冲突（Russett and Oneal，2001）。

第三，FDI提供了除占领国家外能获取资源和财富的另一种方式（Brooks，1999；Souva，2002；Souva and Prins，2006）。Souva（2002）研究了近30年来FDI的增长后提出，FDI是一国从别国获取财富的方式。FDI通过人力资本和物质资本的流入来增加一国的财富，于是国家领导人会乐于促进FDI的发展，这是FDI促进资本和技术的福利影响（Johnson，1967）。FDI使一国从另一国获得土地、劳动力、生产原材料等资源，并赚得财富。相比之下，冲突的风险大而收益却很不确定，预期净收益不乐观。因此，从某种意义上说，FDI 成为了征服、占领之外能获取资源的一种方式，它的收益替代了冲突的收益。

从以上观点可以看出，国际直接投资对国际冲突消减的方式与国际贸易类似。但国际直接投资受国际冲突的影响更大，因而冲突中断国际直接投资所造成的损失也就相应更大。

二、国际直接投资影响国际冲突的理论模型

目前用于研究直接投资和国际冲突的理论模型是将预期效用模型和博弈模型结合起来并进行延伸（Polachek et al.，2005，2006）。此时世界可以简单地认为是由两个国家组成：东道国和投资国。与贸易不同的是，此时考虑的是两个国家的效用函数。福利是消费和冲突的函数，投资的回报取决于资本和投资回报率，投资国的收入取决于投资国的工资和东道国对跨国公司的收入征税的税率。在博弈部分，第一阶段跨国公司决定如何在投资国和东道国间分配投资组合，而东道国政府决定对外资征税的税率。在第二阶段，每个国家的政府决定与他国的国际关系的类型，即选择冲突的级别。这两个阶段的博弈进行循环。在投资国和东道国效用都最大化的情况下，存在 FDI 时比不存在 FDI 时冲突的最优水平要低。因此 Polachek 等人的结论是，FDI 促进了国际冲突的减少，并推断出 FDI 消减国际冲突的作用比贸易强。但该理论模型还没有很好地突出 FDI 区别于贸易的特性，因此也无法显现出 FDI 与贸易不同的消减冲突的作用。

三、国际直接投资影响国际冲突的实证检验

在国际直接投资对国际冲突影响方面国外学者注重的是实证研究。Margit 和 Hans（2004）认为，一个国家会希望避开政治风险，尤其是军事争端形式的政治风险，以免投资者不愿投资。他

们用 1980—2000 年 2086 个观察值检验了国际直接投资形式的经济相互依赖对国际冲突的影响。他们将长期直接投资和短期投资的数据代入双边冲突模型。结论是，国际投资能防止国家陷入冲突之中，和平在经济相互依赖的条件下能更好地实现。但他们采用的方法是单方程普通最小二乘法，这使模型存在内生性。因为不仅仅是直接投资会对冲突产生影响，冲突对直接投资也会产生影响。冲突导致投资环境变化，影响投资者信心和投资决策。Lee（2005）选取 1970—2000 年 70930 个双边事件用离散因变量模型估计了 FDI 对国际冲突的影响，他加入不同的控制变量对方程进行多次修正，得到的结果也是 FDI 对国际冲突有消减作用，但他的模型同样存在内生性问题。

Polachek 等人用 FDI 数据、VRA（Virtual Research Associate）数据以及与战争有关数据库（Correlates of War 2）的数据做实证研究，发现 FDI 对国际冲突的影响与贸易相似（Polachek et al.，2005，2006）。他们采用的是联立方程组的方法，得到的结论是，在 20 世纪 80 年代后期和 90 年代，FDI 的流入减少了国际冲突的程度并增强了合作。同时，由于国际冲突的减少、壁垒的降低，国际资本流动也会大量增加。从实证研究看来，学者们的观点比较一致，都赞同直接投资会消减国际冲突的观点。

第三节 国际贸易和国际直接投资共同对国际冲突的影响

一、国际贸易与国际直接投资的相互影响

国际贸易与国际直接投资的相互影响分为三种，即相互替

代、相互补充、相互融合的关系。

（一）相互替代关系

Mundell从传统的两个国家、两种产品、两种生产要素的标准国际贸易模型分析框架出发，揭示了在存在国际贸易壁垒的情况下，一国对外直接投资和出口贸易的完全替代（Mundell，1957）。他假定生产函数符合新古典假设，两国生产技术相同，边际收益递减，规模报酬不变，劳动和资本可以在国内各部门间自由流动，各国要素禀赋的相对充裕程度排除了完全专业化生产的可能，一国拥有较为充裕的劳动但缺乏资本，而另一国则是资本相对充裕的国家，此外，无论要素的价格如何，一种商品生产中所使用的资本的数量都要高于另一种商品生产中所使用的资本的数量，因此在所生产的两种产品中一种是资本密集型产品而另一种是劳动密集型产品。Mundell考察的是两种极端的情况，一种是禁止投资如何刺激贸易，另一种是禁止贸易如何刺激投资。

Mundell的推理过程是：Y国对来自X国的进口商品a征收高关税使得X国的a商品在Y国的价格提高，然后Y国a商品生产部门生产规模扩大使得Y国生产a商品所需的资本要素的国内需求量上升，接着Y国资本要素价格上升带动Y国资本报酬率提高，于是吸引X国的资本通过直接投资流入Y国，Y国a商品的生产规模进一步扩大，最后X国的直接投资取代X国的出口贸易。

在Mundell模型的前提假定下，两个国家之间必然发生贸易，贸易的结果会达到世界均衡及商品和要素价格均等化。同理，资本的流动同样会带来世界均衡并导致资本要素价格和商品价格的均等化。Mundell实际上是使用要素比例理论解释商品的国际流动，而用资本边际产量的差异解释资本的国际流动。由于贸易障碍会对两个国家之间的资本边际收益产生影响，因此贸易障碍在一定条件下会导致资本的国际流动。由于这种投资的目的是为了绕过关税壁垒以便克服贸易障碍对资本效率的抵消作用，因此一般被称为关税引致的投资。

Mundell认为与关税没有引致投资相比，投资的增加会产生积极的福利影响。但是其他经济学家指出，与自由贸易相比关税引致投资会产生福利损失。第一，关税引致投资如果使不具有比较优势的进口替代部门获得发展，就会减少贸易量，由此带来的贸易福利损失要大于投资所带来的福利增加（Johnson，1967）。第二，如果关税引致投资使具有比较优势的出口部门获得发展的同时又伴随着贸易条件恶化，那么关税引致投资产生的资本扩张就会带来福利损失，产生由贸易条件恶化引起的“贫困化增长”（Bhagwati，1973）。第三，从国家税收和外国资本利润提取影响的角度分析，当一个国家对进口替代部门给予关税保护，同时又将流入资本所产生的边际产品作为资本利润而支付给外国投资者时，即使资本流入增加了产出，提高了收入水平，也不可避免遭受福利损失并导致贫困化增长。然而，对资本流入国来说，当经济处于非充分就业的状态时关税引致投资不会减少贸易量，也不会使贸易条件恶化，同时还会产生就业效应。

（二）相互补充关系

如果资本的流动不是由关税引致，而且主要流入的是出口部门而不是进口替代部门，那么投资和贸易之间就将表现为一种互补关系而不是替代关系。在这种条件下，资本的流动将导致进一步的国际分工和专业化生产，从而扩大贸易规模。

有许多原因可以导致贸易和投资之间的互补关系，Markuson和Svensson（1985）曾经考察了五种情况，即技术差异、对生产征税、垄断、外部规模经济和要素市场的扭曲。他们的分析思路为：两个国家之间的技术差距会导致其要素价格差异以及要素生产率的差异，而要素价格的差异又直接决定了商品和要素的流动方向。当商品贸易发生时，除了生产用来进行贸易的商品所需的贸易要素发生流动外，非贸易要素也要发生流动，因而贸易和要素流动表现出一种互补性。如果劳动是贸易要素而资本是非贸易要素，二者之间的合作性表现为劳动的边际生产率相对较高而资本的生产效率相对较低，于是就会同时产生劳动密集型产品的出口和资本要素的流出两种现象。

国际贸易与国际直接投资互相补充和促进的关系是指一方面国际直接投资能够创造和扩大国际贸易，另一方面国际贸易也可以创造国际直接投资。根据学者们的观点（龚晓莺，2006），这种关系一般存在于以下几种情况中：

第一种情况是小岛清互补模型中的国际贸易与国际直接投资的关系——小岛清模式的国际直接投资可以促进贸易的进一步发展。各投资国应按照国际分工原则将对外直接投资从对本国来说已经处于或即将处于比较劣势的产业依次进行，这样的对外直接投资所需的技术与东道国的技术差距很小，技术能被东道国更好地吸收和普及，从而挖掘出东道国潜在的比较优势，拉大两国间的比较成本差距，从而使两国间的贸易规模更大幅度地扩大。比如发展中国家从发达国家进口高科技产品，发达国家从发展中国家进口劳动密集型产品，两类国家的出口规模和进口规模都获得大幅度提高。第二种情况是低成本寻求型的对外直接投资，如果某国具有自然资源禀赋优势或劳动力廉价的优势，因此拥有低生产成本的吸引力，跨国企业为了追求较低的生产成本就会向该国进行直接投资。生产出的产品在价格上具有国际竞争力，因而有利于贸易规模的扩大。第三种是资源寻求型的对外直接投资。为了确保稳定的资源供给，投资国向资源丰富的东道国进行资源开采型的直接投资，这种投资对东道国的进出口贸易起到了很大的拉动作用。如果跨国公司在自然资源丰富的发展中国家进行直接投资，打破了这些国家在自然资源、人力资本、技术等方面的瓶颈约束，使这些国家利用资源进行的大规模生产与出口成为可能，就会扩大东道国的出口和投资国的进口。第四种是劳动力寻求型的对外直接投资。投资国为寻找短缺的劳动力而进行的投资往往会推动投资国和东道国的贸易发展，因为投资促进了投资国机器设备和原材料的出口以及东道国在这方面的进口。比如美国对加勒比海地区直接投资的一个基本动因就是利用加勒比海国家丰富且价格低廉的劳动力。在纺织服装行业中，美国出口中间产品，进口最终产品，而加勒比海国家进口中间产品，出口最终产品。这种为寻求劳动力资源而进行的投资大大提高了投资国和东道国之间的国际贸易水平。第五种是为了外部采购而进行的对外直接投资。比如采购零部件，会带来资本品或中间产品的进口以及其他中间产品和最终消费品的出口。美国和亚洲国家的贸易在一定程度上反映了这种互补关系。美国的跨国公司在亚洲国家进行海外直接投资，这些公司与众多的分支机构之间的复杂关系促进了美国的零部件和其他中间投入品的出口。第六种是一种产品的国际贸易引发的对上下产业链中各环节产品的国际直接投资，以及一种产品的国际直接投资带来的上下产业链中各类产品的国际贸易。这种情况主要是由于不同产业部门之间的依存关系导致的结果。

国外许多学者如 Porter（1990）、Hein（1992）、Lucas（1993）、Jun 和 Singh（1996）等人的实证研究表明出口引致 FDI。Pfaffermayr

(1994)、Goldberg 和 Klein（1998)、Stone 和 Jeon（2000）实证研究表明 FDI 和贸易之间存在互补关系。

（三）相互融合关系

所谓国际贸易和国际直投资相互融合，是指国际贸易和国际直接投资是一个经济体开展国际经济活动中不可分割开的两方面。国际贸易必须依赖于国际直接投资的开展，国际直接投资的进行也无法脱离国际贸易的支持。在这种条件下，国际贸易和国际直接投资是相辅相成缺一不可的，不论对企业还是对国家都是如此。

根据吴先明（1999）的研究，国际贸易和投资理论在发展中逐渐交叉融合。首先，产品生命周期论使交叉成为可能。产品生命周期论通过建立一种动态的理论系统来解释企业在出口、国外子公司生产和许可证之间的选择。该理论对贸易、直接投资与企业增长之间的紧密联系的描述，使得将国际贸易理论和国际直接投资理论纳入一个统一的分析框架成为可能。其次，对“里昂惕夫之谜”的解释突破了传统贸易理论的假定。对“里昂惕夫之谜”的各种解释开辟了现代国际贸易理论研究的道路，出现了国际贸易理论与国际直接投资理论分析前提的趋同和一部分分析内容的交叉，在这方面较为突出的理论是新要素贸易理论和新技术贸易理论。王舒（2002）从要素的角度分析了国际贸易和国际直接投资的融合。对于某个具体的生产过程来说，当只有和一些特定性质的要素结合才能产生报酬递增的效益，而这种特定性质的要素只在某国存在，那么到该国进行直接投资就成为提高效率的唯一选择。这种直接投资模式与两国的要素禀赋没有必然联系，而取决于要素性质与生产过程的结合。要素禀赋的差异是国际贸易发生的基本动力，然而要素价格差异会随着贸易的发展而消失，即要素价格均等化。要素质量的差异是直接投资产生的根本原因，如果由于非线性作用，使得其他要素与特定性质要素的结合改变了生产函数，提高了生产效率，甚至形成正反馈，那么由此形成的效率优势就决定了生产应该放在拥有该特定性质要素的国家进行，投资由此产生。

从以上国际贸易和国际直接投资三种关系的综述可以看出，贸易和直接投资之间归根结底就是两种基本关系，一种是贸易和直接投资相互促进、相互补充，另一种是贸易和直接投资相互替代、相互抵消。

二、国际贸易和国际直接投资对国际冲突的共同影响

研究国际贸易和国际直接投资对国际冲突共同影响的文献相对较少，因此这方面的研究还很不完善。在既有的文献中，多侧重分析国际贸易和国际直接投资二者之间的关系，而二者对国际冲突的共同影响只用了一个存在缺陷的实证方法来进行说明。

（一）国际贸易和国际直接投资影响国际冲突的观点

在已有的研究中，Russett 和 Oneal（2001）认为在国际贸易和 FDI 对国际冲突的作用机制中国际贸易和 FDI 是替代关系，FDI 的增加会导致贸易对国际冲突作用的降低。但更多学者提出，国际贸易和国际直接投资会呈互补式共同促进对国际冲突的消减作用，而不是相互替代抵消对方对冲突的消减作用。这有两个方面的原因：

首先，FDI 对贸易具有补充作用，可弥补贸易影响国际冲突中的不利因素。贸易要面对因相对收益不均而引起的潜在冲突，而 FDI 面临的相对收益问题比贸易要小。FDI 对投资国和东道国都有利，可以促进两国关系。对于东道国来说，利用外资可以获

得资金技术，帮助发展本国经济，并调节国际收支平衡。跨国公司兼并当地公司或联合当地的生产设备，并不一定意味着本国的生产能力减少。在某些情况下，投资活动会同时增加投资国和东道国的生产与就业。而对于投资国来说，投资国处于生产、销售和分配环节的“上游”，其最终价值得以增加（Garrett，1998）。跨国公司在外国增加的生产和在东道国经济的增长都是投资国经济增长的重要推动力。正是因为直接投资的这种双赢效应促进了国家合作政策的形成，所以国家间不会由于相对收益爆发冲突。Mundell（1957）提出了FDI补充贸易的另一个原因，他分析，如果一国对资本密集型的货物进口征税，那么它的国内价格的上升将导致国内相关的资本和劳务价格上升。尽管资本密集型商品的进口由于关税而减少，但外国的资本会通过国际直接投资，以比它在投资国更高的回报流入国内。因此国家间贸易的减少对双边关系的影响可以由两国居民的资本交易抵消。

其次，FDI对贸易有特殊的贡献，即推动了贸易对国际冲突的消减作用。Spero和Hart（2003）认为，FDI流量的增加与贸易的增加有关，FDI不但不会替代贸易，相反，它还会促进贸易的发展。虽然跨国公司对海外生产设备的投资服务于国外市场，但一些海外投资刺激了国外市场对国内出口的需求。比如，1988年日本投资在美国的公司从日本的母公司买走的商品量占了总进口的五分之四，对同类子公司的出口占了总出口的五分之三。同年，美国母公司和美国所属的国外分公司的内部贸易占了美国进口总额的五分之二，占出口总额的三分之一（Encarnation，1992）。FDI鼓励并带动了贸易的发展，使贸易对国际冲突的平抚作用得以更充分地发挥。

（二）国际贸易和国际直接投资影响国际冲突的理论模型

贸易和国际直接投资之间如何相互作用的理论模型比较多，

但是二者如何综合作用于国际冲突的理论模型目前还鲜有研究。不过我们从国际贸易和国际直接投资的理论模型中可以受到启发。Markuson 等人（1983）利用一系列简化的非要素比例模型论述了要素流动与商品贸易之间的互补关系。但是由于 Markuson 等人的模型过于简化，因此其结论缺乏一般性。Markuson 和 Svensson（1985）则利用要素比例模型揭示了商品贸易和要素流动之间的相互关系，指出它们之间表现为互补性还是替代性，取决于贸易和非贸易要素之间是“合作的”还是“非合作的”。如果贸易和非贸易要素是合作的，那么商品的贸易和生产要素的流动将会互相促进，从而表现为一种互补关系；如果二者之间是不合作的，则商品贸易和非贸易要素的流动就会表现为一种替代关系。因此，本研究认为，国际贸易、国际直接投资和国际冲突的理论模型可以借鉴或参考贸易与直接投资的理论模型，在传统的预期效用模型和博弈模型上进行扩展。

（三）国际贸易和国际直接投资影响国际冲突的实证检验

Polachek 等人对此进行过研究（Polachek et al.，2005，2006）。他们先建立两个联立方程组，分别放入贸易和直接投资作为控制变量，发现贸易和直接投资在促进和平消减冲突方面有着相似的作用。然后他们又建立单方程将国际贸易、国际直接投资同时作为控制变量放入对国际冲突的研究中。因为贸易和 FDI 相关性强，若都作为内生变量放入联立方程组则方程很难定义，所以他们建立的是单方程。结果发现，贸易和 FDI 同时增加净合作，它们之间的确是互补的关系。不足之处在于，既然贸易和 FDI 有很强的相关性，那么即使使用普通最小二乘法回归单方程也会存在较强共线性。因此，本研究尝试了在变量序列平稳的状态下建立向量自回归模型，用广义脉冲响应和方差分解来分析三者之间的关系。

本章小结

本章详细地评述了国际贸易、国际直接投资影响国际冲突的文献。在有关国际贸易对国际冲突影响的文献中，学者们观点不一致，其中的原因主要是一些基础概念定义、理论和数据使用的差异。支持国际贸易对国际冲突有消减作用的学者认为，国际贸易之所以对国际冲突有减缓作用是因为：贸易提高了贸易参与国的整体财富水平，而冲突会中断贸易导致经济损失，因此冲突的机会成本提高；贸易可促进国家间信息的交流，从而避免了国家间由于信息不充分而爆发战争；贸易会削弱国家间的敌意；贸易的利益集团会影响国家的内部经济乃至政治制度和政治联盟，从而影响国家决策。在评价了以上观点后，本章还对国际贸易影响国际冲突的理论模型和实证方法进行了比较分析。

学者们对于国际直接投资对国际冲突的影响的观点分为以下两种：一种认为国际直接投资可以消减国际冲突，另一种认为国际直接投资与国际冲突间没有联系。支持国际直接投资的增加对冲突有消减作用的学者又主要有以下三种观点：（1）FDI 给国家提供信息，使国家能够通过信息的交流和共享来阻止冲突的发生；（2）FDI 增加了冲突的机会成本，因此会激励国家采用和平的对外政策；（3）FDI 提供了除了通过侵占其他国家外获取资源和财富的另一种方式。本章也比较分析了国际直接投资影响国际冲突的理论模型和实证方法。

目前学术界对国际贸易、国际直接投资共同影响国际冲突的研究文献非常少，这方面的研究尚不完善。在既有的文献中，侧重分析的也是国际贸易和国际直接投资两者之间的关系，而对于二者共同影响国际冲突的研究中只用了一个有缺陷的实证方法来说明。所以，这一章的综述也主要是从国际贸易和国际直接投资相互关系的角度来述评的。

第三章　国际贸易和国际直接投资对国际冲突的总效应分析

第一节　国际贸易和国际直接投资对国际冲突的引发效应

一、国际贸易对国际冲突的引发效应

根据经济学原理，国际贸易会使贸易双方获利，即便如此，获利也存在相对收益的不同。在现实的世界经济中，由于发达国家和发展中国家在贸易过程中是存在地位差异的，即南北不对称，因此，从世界性的生产和交换活动中所产生的经济利益，并没有在世界各国间公平地分配。事实是，发达国家和发展中国家间的贸易在迅速发展的同时，双方经济发展水平之间的差距越拉越大。发达国家的人口仅占世界人口的 15%，却占有世界 GDP 的 79%，并消耗着全世界 75%的开发资源。2008 年，美国、加拿大、德国、英国、法国、意大利和日本，总共占世界人口的 11%，但是却占有世界 GDP 的 65%。而世界其余地区，人口占

世界的89%，而GDP仅为世界GDP的35%。差距最大的地区是亚洲和太平洋地区。该地区的人口占世界人口的52%，但是GDP仅占世界GDP的8%。撒哈拉以南的非洲地区占世界人口的11%，GDP占世界GDP的1%。拉丁美洲和加勒比地区的人口占世界的9%，而GPD占5%。2003—2006年，发达国家人均GDP已达约3万美元，而最贫困的非洲、亚洲国家的人均GDP只有100～300美元。正如1998年联合国贸发会议所指出的："国际贸易制度在促进各国经济之间日益强大的经济联系上的成就突出了全球化过程的利益没有得到平均的分配"，"国民平均收入的差距在全球化进行的同时变得越来越大，许多不发达国家被进一步排挤在世界经济主流之外"①。这种不对称的贸易关系会给国际冲突带来以下几个影响。

（一）易诱发霸权国家利用优势地位发起冲突

优越的军事力量往往与良好的经济实力相生相伴，一些国家在拥有了经济优势的同时，还要追求军事力量上的优势，因此不对称的贸易关系不仅不能制约霸权国家，反而有利于霸权国家利用优势地位发动战争。美国在经济上的低度依附意味着美国失去其贸易伙伴的可能性及代价都不大，而其他国家由于对美国的贸易依赖程度相对于美国对它们的依附更大，一旦经贸关系中断，它们所遭受的损失要比美国大，这种不对称的贸易关系使得美国这样的霸权国家更易挑起争端。

20世纪90年代以来，"冷战"期间美国对外较大规模的军事行动约有125次。1990年以来，美国以执行联合国决议、维持和平、实施人道主义援助、反对侵略以及保护美国公民的生命财产

① 联合国贸发会议．1998年世界投资报告（中译本）[M]．北京：对外经济贸易大学出版社，1999.

安全等各种借口，先后对外出兵达 40 多次，其中对他国进行强力军事干预就有十余次。包括 1990 年“利刃”刺向利比里亚，1990—1991 年发动海湾战争，1992 年武力干涉索马里，1993 年 1 月空袭伊拉克，1994 年入侵太子港，1995 年空袭波黑塞族，1996 年 9 月对伊拉克进行导弹袭击，1998 年 8 月打击苏丹和阿富汗，1998 年 12 月实施“沙漠之狐”行动，1999 年悍然空袭南联盟，2001 年为打击阿富汗塔利班政权和恐怖组织而攻打阿富汗，2003 年为控制石油和维护美国霸权对伊拉克发动战争等。“冷战”结束后美国、英国、法国、德国、俄罗斯等世界主要国家一直将军费保持在占 GDP 2%～4%的比例之间。2009 年，美国国防预算高达 6110 亿美元，除去伊拉克和阿富汗战争开支，军费为 5150 亿美元，相比 2008 年增加 7%，2010 年军费预算为 6800 亿美元，军费预算节节攀升的目的就是要借助军事优势为获取更大的经济利益开辟道路。

霸权国家所谓的促进遵守和平允诺的利益和力量之间的均衡，说到底其实是由霸权国家来控制别国制造的危机。Waltz 指出：“把世界说成是一个相互依赖日益增长的、所有国家都受到制约的世界，这到底意味着什么？什么也不意味。要描述不平等带来的后果，人们心须把‘相互依赖’这个词拆开，指明某些国家相对依附，另一些国家相对独立的不同情况。正如人们在一个由非常不平等的国家组成的世界中应该料到的那样，一些国家严重地受到束缚，而另一些国家则有多种选择：一些国家几乎无力影响国外事件，而其他一些国家对国外事件却有着巨大的影响。”①

① 肯尼思·沃尔兹．国际政治理论［M］．北京：中国人民公安大学出版社，1992：192，185-186.

（二）利益分配不均加剧争斗

贸易利益分配不均加剧了发达国家和发展中国家间的利益争斗。尽管大批殖民地、半殖民地国家在第二次世界大战后相继在政治上获得独立，发展中国家经济取得了很大的发展，但世界经济仍被以美国为首的少数发达国家所控制，发达国家和发展中国家之间的国际贸易格局仍然留有第二次世界大战以前的国际贸易格局烙印，发达国家在国际贸易中处于极为有利的地位，发展中国家处于劣势。发达国家在对发展中国家的贸易中可以获得三重的贸易利益，即发达国家出口工业制品与进口发展中国家初级产品中所获得的贸易利益、发达国家的跨国公司在发展中国家工业制品出口贸易中占有的利益、发达国家利用本国货币是国际储备货币的地位所得到的贸易利益。此外，发达国家还推行新殖民主义，通过跨国公司向发展中国家渗透，实行贸易保护主义，使南北经济差距不断扩大，发展中国家陷于债务危机、资金倒流和贸易条件恶化的困难境地，这种状况严重阻碍着发展中国家经济的发展，以及人类社会的共同进步。

有不公平的现状，就有打破这种不公平现状的强烈愿望，这造成的后果势必是民族及国家间争夺权力与利益的斗争加剧。广大发展中国家不断为改善自己的经济地位而斗争，大大影响了民族与国家关系，使国家间争夺权利与利益的斗争白热化。比如萌发于“冷战”时期的不结盟运动，奉行独立、自主的宗旨和原则，支持发展中国家争取和维护民族独立、捍卫国家主权以及发展民族经济和文化的斗争，反对帝国主义、殖民主义、种族文化和一切形式的外来统治。不结盟运动的成立是发展中国家走出联合自强的新开端，在支持和巩固成员国民族独立和经济发展、维护成员国权益等方面发挥了重要作用。

（三）被边缘化的国家经济恶化引起冲突

最不发达的国家在世界贸易中逐渐被边缘化，其贸易量占全球总量的份额已从1954年的3%下降至2003年的0.68%，占发展中国家贸易总额的2%，2/3的最不发达国家仍然严重依赖于农业和劳动密集型制造业（这两类产品占这些国家出口总额的70%左右），并且结构单一，严重影响了贸易收入的增加。贸易关系不对称使得贫富差距拉大，不发达的国家越来越穷，发达国家越来越富。“冷战”结束后，不发达国家对食物和水等资源的争夺成为了世界各地尤其是发展中国家冲突不断发生的重要原因，这些冲突大多由贫穷和食物匮乏引起，多数发生在最贫穷的农业国家，参加作战的人员平民占了较大比例，死亡者中也多是平民而非战斗人员，冲突的烈度常常达到大规模屠杀的程度。

例如，1994年卢旺达的内战和种族屠杀；索马里、塞拉利昂、刚果共和国和安哥拉的内战；哥伦比亚和秘鲁发生持续不断的游击战；墨西哥恰帕斯州印第安人的反叛使这些原本贫困的国家雪上加霜，大批劳动力丧失，国家经济受到严重破坏。奥斯陆国际和平研究所（International Peacc Research Institute Oslo，简称为PRIO）在研究了从1989年到1997年发生的103场武装冲突后发现，新型冲突与贫穷之间存在着密切关系，这些新型冲突往往起因于无法生存的窘迫及不合常规的方式，当人们的基本生活需求得不到满足时，他们就会有很大的动力铤而走险，从而加入叛乱组织。另外，随着大量战争难民涌到较发达的国家逃生或追寻较好的生活，这些较发达的工业化国家原有的安定有可能遭到破坏，使得更多的冲突随之发生。如果导致这些冲突的根本原因——贫困、资源匮乏和经济脆弱得不到改善，今后还会爆发此类战争。只有发达国家给予不发达国家更多援助，解决农民饥饿问题，才能减少冲突发生。

只要旧的国际经济秩序带来的不平等交换存在，世界上的贫富差距问题就不可能从根本上解决，因贫穷而引起的战争也就还会发生。正如邓小平所说：“不发达国家之间的战争，实际上是发达国家的需要。发达国家欺侮落后国家的政策没有变。”① 吉尔平指出：“（20 世纪）国际经济的突破性进展已成为冲突中一个起作用的因素。普遍认识到贫富的差距以及各地贫穷民族试图迎头赶上的强烈愿望，成为世界一种新的造成不和的力量。”②

（四）引发贸易开放方面的冲突

由于进行贸易的国家间实力不对称，使得发达国家利用其优势地位对贸易规则进行控制，使用关税或非关税壁垒剥削发展中国家的贸易利益，从而引发发达国家和发展中国家间的摩擦和纷争。在经济全球化的过程中，这一类的国际贸易冲突此起彼伏，影响着国际双边或多边关系。

世界贸易组织（WTO）于 1995 年成立，是在关贸总协定（GATT）基础上发展起来的规范国际经贸规则的多边经济组织。它的宗旨是通过实行非歧视性原则，削减贸易壁垒，促进贸易自由化。尽管在一定程度上，WTO 通过执行乌拉圭回合协议与协定，有力地推动了经济的全球化，促进了世界经济贸易的发展。但同时它也成为了贸易大国或强国意志的载体，被贸易大国或强国操作了决策过程。比如，有些发达国家试图把一些与贸易无关的诸如劳工标准、环保标准等议题强行纳入多边贸易体系，侵犯发展中国家利益。1999 年 11 月 30 日至 12 月 3 日在西雅图举行

---

① 邓小平文选（第 3 卷）[M]. 北京：人民出版社，1993：319.

② 罗伯特·吉尔平. 世界政治中的战争与变革 [M]. 北京：中国人民大学出版社，1994：217.

的世界贸易组织第三次部长会议，一些发达国家把劳工标准、环境标准等塞入新一轮贸易谈判的内容之中，相当于设置新的非关税壁垒，借口生产环境污染较重、技术能力局限等因素限制发展中国家产品的出口，阻碍发展中国家贸易的发展，引起了多数发展中国家的不满。

但这些发达国家在严于律人的同时却宽于待己。例如，在世贸组织禁止出口补贴的原则下，美欧等主要农产品出口国却例外地被允许可以对农产品进行出口补贴。一方面美欧等国本国的农产品可以以很低的价格出口到其他国家，而另一方面美欧等国又要求进口国按照世贸组织的要求不能对其出口产品课以高税。这样，一些以农产品市场为主体的发展中国家经济势必受到冲击，经济利益受到侵害。再者，发达国家由于对国际贸易的垄断，长期与发展中国家进行不平等交换，使得初级产品与制成品的价格“剪刀差”不断扩大，贸易条件不断恶化。发达国家在不断加大工业制成品的全球份额的同时，又不断提高高科技、尖端技术等知识含量高的产品在其出口商品中的比重，以推动本国经济快速发展。发展中国家的民族工业大多实力弱小，竞争力不强，容易受到跨国企业的冲击，在跨国公司国际品牌的挤压下，一些民族名牌产品消失殆尽，这意味着发展中国家将面临更为不利的影响和更大的损失。发展中国家由于经济基础脆弱，其单一的经济结构使得发展中国家仍是发达国家的原料产地和销售市场。

发展中国家为了维护自身的贸易利益，与发达国家一直就贸易规则努力地进行着斗争。由于每个国家所站立场不同，所持态度迥异，因此一系列国际冲突由此产生。

二、国际直接投资对国际冲突的引发效应

对各国经济利益、政治利益、军事利益等有重大影响的国际

直接投资不可避免地对国际政治产生影响，国际直接投资对国际冲突具有如下的引发效应。

（一）发达国家掠夺发展中国家重要资源引发冲突

第二次世界大战后初期，发达国家为了使国内各种资源正常供应，通过其跨国公司掠夺发展中国家的资源，从而保证了资源供应的安全，并使之在特定时期成为一种有效的政治武器，这使得发达国家和发展中国家的冲突激化。例如，20世纪70年代之前，“美国跨国公司基本上一直控制着非共产主义世界对原料（特别是石油）的获得，这就保证了供应的完全可靠以及发生匮乏时美国消费者优先得到供应”①。

战后初期发达国家跨国公司的投资产业大部分集中在石油和矿产资源等部门，其中对石油的生产、冶炼、运输、销售的投资占对发展中国家全部投资的1/3左右。亚非拉地区丰富的石油资源长期以来主要被美、英、法、荷兰等国的跨国公司所控制。例如，美资石油公司控制了印度尼西亚90％的石油生产，委内瑞拉的18家美国石油公司中，仅克里奥尔和梅内格兰德两家石油公司就控制了委内瑞拉石油生产的58％；在中东地区美资石油公司1970年控制了石油产量的54.8％，当时，沙特阿拉伯、巴林的石油生产全部为美国石油公司所垄断。除石油外，发展中国家的一些重要农、矿原料也大多为发达国家的跨国公司所控制，美国“安纳康达铜矿公司”和“肯奈柯特铜矿公司”通过它们在智利的子公司控制了智利铜矿的采掘、熔炼和精炼的80％；美资“非洲锰矿公司”垄断了加纳的锰矿开采；英资6家公司控制了加纳

① 罗伯特·吉尔平. 国际关系政治经济学［M］. 北京：经济科学出版社，1989：272.

的金矿、钻石和铝土的开采；美国“联合商标公司”控制了中美和南美8个国家的香蕉和咖啡的生产①，这些恶性的掠夺和垄断在某种程度上导致了国家间冲突的发生。

（二）发达国家控制发展中国家经济命脉引发冲突

发达国家为了实现对发展中国家的控制，控制其经济命脉是一种有效方式，而跨国公司直接投资又是控制发展中国家经济命脉的一种有效手段，但这种控制在某种程度上也会引起发展中国家与发达国家间的冲突。

首先，发达国家跨国公司凭借其雄厚的经济实力和技术力量垄断了发展中国家重要资源的开采、加工和销售。重要资源是一个国家的经济命脉，一个国家发展经济所必需的重要资源一旦被外国跨国公司所垄断，就必然形成该国对跨国公司投资国的依附性。其次，发达国家跨国公司通过本国政府施加压力，破坏发展中国家独立发展本国经济的政策。“二战”后，广大发展中国家发动了针对外国跨国公司的国有化浪潮，20世纪60年代平均每年发生47起国有化事件②。针对这种情况，发达国家跨国公司纷纷向本国政府施加压力以寻求保护。例如美国国会就曾在本国跨国公司的影响下通过法案，规定对“没收美国资产而又不给予赔偿及不为此而进行善意谈判”的国家，实行禁止“援助”贷款，并“运用其一切影响及在国际机构的投票权”来达到上述目的。1970年，委内瑞拉通过对石油增税和天然气国有化的法令后，美国官方人士就不断发出威胁要减少对委内瑞拉的投资和石油进

① 徐乃炯．帝国主义对第三世界国家的控制和剥削（统计资料）[M]．北京：人民出版社，1978：347-348.

② 徐崇利．从南北纷争焦点的转移看国际投资法的晚近发展 [J]．比较法研究，1997（1）：44-54.

口，美国石油公司则用减产进行破坏。再次，发达国家跨国公司甚至通过武装镇压、阴谋颠覆活动来控制发展中国家经济命脉。例如，美国海湾石油公司的子公司卡宾达海湾石油公司，为了占有邻近安哥拉地区的海底油田，组织雇佣军勾结葡萄牙殖民势力对安哥拉民族解放运动的游击队进行镇压；1970年智利阿连德政府对美国在智利的跨国公司实施国有化后，美国国际电话电报公司就曾试图阴谋颠覆阿连德政府。对于发达国家跨国公司控制发展中国家经济命脉的行径，发展中国家深感不满，在1973年的第四次不结盟会议上，阿尔及利亚革命委员会主席布迈丁曾说过："第三世界的国家正在遭到外国大国和跨国公司的压力和限制，从而使它们的一切发展努力全部落空。"①

（三）投资国军事利益的实现引发冲突

发达国家的跨国公司在战后初期的国际投资活动，在一定程度上是受跨国公司投资国的军事利益驱动——一方面将发展中国家是否接受"军事援助"与是否对该国投资相挂钩；另一方面跨国公司投资国直接与本国跨国公司签订军事合同。

美国学者奥德尔（Odell，K.）在研究了1950年至1965年期间美国"军事援助"与私人对外直接投资的关系后，发现美国对一个国家的军事援助数量与该国吸收外国直接投资的水平是正相关的。在66个投资流入数量低于0.25亿美元的国家中，有52个只接受美国很少的军事援助，占到总国家数目的79%，这些接受低投资、低军事援助的国家包括尼日利亚、缅甸等国。与此相对应的是，在16个投资流入数量超过3亿美元的国家中，有13个

① 徐乃炯．帝国主义对第三世界国家的控制和剥削（统计资料）[M]．北京：人民出版社，1978：351.

获得了高水平或中等水平的军事援助，其中包括秘鲁、巴西、英国、法国和联邦德国[①]。此外，美国学者梅尔曼（Mehlman S.）研究了1961年到1967年美国政府的主要军事合同与主要承包商的关系后，发现许多跨国公司的大量经营活动都是为了美国政府而进行的。比如，洛克希德飞机公司在1961年至1967年这7年内得到的军事合同为106.19亿美元，占同期销售总额的88%；通用动力公司为88.24亿美元，占67%；麦克唐纳—道格拉斯公司为76.81亿美元，占75%；波音公司为71.83亿美元，占54%，而这些跨国公司的生产设备中有相当大部分事实上是美国国家拥有的。如在1967年，这一类的设备价值在通用电气公司有1.14亿美元，在通用动力公司有7900万美元[②]。这些大量的事实说明，发达国家跨国公司的对外投资活动与其投资国的军事利益存在着密不可分的联系，这是发达国家实现其军事利益的一种有效手段。虽然投资活动对军事活动起到了替代作用，但它同样会由于它的军事目的而引发国家间的冲突。

（四）跨国公司对东道国的冲击引发冲突

第二次世界大战后，跨国公司开始成为全球经济活动中最活跃的角色之一。跨国公司通过对外直接投资，在世界各地设立分支机构或子公司，从事国际化生产和经营活动。成千上万的跨国公司及其子公司将世界各国连成一体，在经济上相互依存。进入20世纪90年代，跨国公司进入另一个发展高潮期。据联合国跨国公司中心的统计，至1995年底，全球跨国公司已增加到4万

① 尼尔·胡德，斯蒂芬·杨著，叶刚等译．跨国企业经济学［M］．北京：经济科学出版社，1990：419-420．

② 尼尔·胡德，斯蒂芬·杨著，叶刚等译．跨国企业经济学［M］．北京：经济科学出版社，1990：419-420．

余家，子公司和分支机构超过 25 万家。4 万家跨国公司的销售额在 5 万亿美元以上，其中的 1/3 是在跨国公司内部进行的①。历史上因经济因素而引发国际冲突的角色是拥有主权的民族国家，如今，跨国公司加入了与东道国冲突的行列。

在当今世界政治、经济的各个领域，跨国公司借助于强大的经济实力，正在不断地对民族国家的经济主权造成影响。跨国公司以其雄厚的实力东奔西突，与东道国不断地发生利益冲突。

跨国公司的实力越强大，它的民族认同感和国家归属感就越强烈。跨国公司已成为其投资国实施对外政策的主要工具。随着跨国公司的势力越来越大，它们会有更强烈的欲望追求其自身经济利益和为其投资国追求更多的政治利益，它们与东道国之间的冲突只能越来越频繁、越来越激烈。跨国公司利用其投资国的政治和军事影响力扩大经济利益，投资国则利用跨国公司的经济网络和经济扩张所获得的经济利益，全面增强其国家实力并在全世界传播其文化价值观念。因此，跨国公司和东道国之间的权力冲突此起彼伏，成为全球化进程中的一个影响深远的现象。

东道国在期盼外资进入的同时，也担心跨国公司的经营活动会破坏本国经济秩序，因此它们希望能用法规和税收机制规范跨国公司在本国的经济行为，从而保证本国的长期发展战略得以实现。如果东道国不约束跨国公司的经济行为，很多出口性质的公司就会把东道国当作初级产品生产基地，利用当地的廉价劳动力和原材料为其全球生产提供低增值货物。由于跨国公司的影响在

---

① 张宇燕，马杰. 共享繁荣：世界经济的现在与未来［M］. 上海：远东出版社，转引自王逸舟. 全球化时代的国际安全［M］. 上海：上海译文出版社，1999：195.

世界经济中全方面、多领域的渗透，跨国公司的经营目标和东道国的利益目标发生冲突的可能性越来越大。

第二节 国际贸易和国际直接投资对国际冲突的消减效应

一、国际贸易和国际直接投资对国际冲突有替代作用

国际贸易、国际直接投资对采用国际冲突获取利益的方式有替代作用。将国家视为理性的行为体，国家之间的经济相互依赖可以稳定经济和促进繁荣，而冲突会中断国家之间的经济往来，导致损失，从而提高冲突的成本。由于贸易的存在增加了冲突的机会成本，提高了发起冲突的门槛，因此国家将不愿意挑起或卷入冲突。1980 年，Polachek 首先在《冲突与贸易》（*Conflict and Trade*）中提出战争的机会成本这一概念，并推导出贸易与冲突之间存在负相关关系的结论（Polachek，1980）。Rosecrance 赞同 Angell 的观点，在《贸易国的兴起》（*The Rise of Trading States*）中提出，随着科学技术的发展和全球化程度的提高，通过战争征服他国领土的代价越来越昂贵，收益甚至无法弥补成本。比如，现今各个国家大力发展高科技的技术装备，包括新概念武器、远程精确打击、无人作战平台等，都需要耗费大量的人力、物力、财力。而贸易却可以以更低的成本获得发展所需的物品，因此贸易将逐渐取代领土征服的军事方式，使国家考虑以更稳妥有效的方式解决它们之间的冲突，从而实现和平（Rosecrance，1986）。

国际直接投资对国际冲突也有替代作用，因为投资国的跨国公司在东道国投资设厂，可以名正言顺地充分利用当地的资源和劳动力，而不必采用掠夺和征用的方式，并且这种方式的风险远低于发起冲突甚至战争。

冲突的机会成本一方面是由于经济联系被切断带来贸易收益和投资收益的损失，比如在 2001 年，由于阿塞拜疆与伊朗关于里海的冲突会影响公司的运行，英国石油公司停止了它在 ASA（Alov-Sharg-Araz）区域对里海的石油开采活动。大宇国际在 2009 年因缅甸和孟加拉在孟加拉湾海岸线的冲突而解除了原先在缅甸西海岸开采石油的合同（Lee and Mitchell，2012）。另一方面，发生冲突后国家还需要寻找新的贸易和投资伙伴，经济资源也面临被重新分配的危险，因此冲突的机会成本还取决于资源的可替代性和寻找新贸易或投资伙伴的可能性（Crescenzi，2003）。如果资源的可替代性很低，原来用于生产可贸易产品的资源无法转化为生产其他产品的原材料，那么冲突的成本将会很高；如果寻找新贸易伙伴和投资伙伴的可能性很低，比如难以撤资，难以找到替代者或找替代者的代价高昂，重新配置资源的成本也将十分高，因此冲突的机会成本远远增加，如图 3-1 所示。

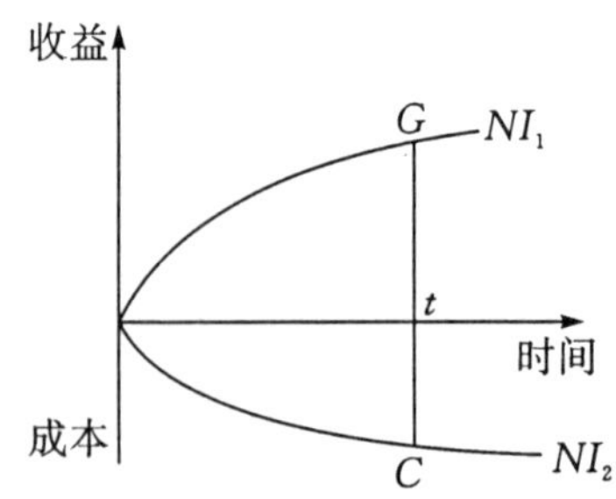

图 3-1 冲突的机会成本

图 3-1 中，NI_1 曲线表示存在经济联系时国家的国民收入；

NI_2 曲线表示切断经济联系后的国民收入。一旦在 t 时刻发生战争，那么损失的将不仅是相互依赖的收益 G，而且还有配置资源的成本和寻找新贸易伙伴、新投资国的成本 C。也就是说，冲突的机会成本等于 $G+C$。当然，以上只是一个简化分析，国家是否挑起冲突，不仅是某单个国家计算机会成本的结果，还取决于对方的决定，这是一个策略互动的过程。

二、国际贸易和国际直接投资可促进信息交流制约冲突发生

当两国由于意见相左而无法达成一致的解决方式时，双方都希望牺牲对方的利益而使自己的利益最大化，于是在如何进行利益分配的问题上选择一个最优的方式具有不确定性。双方都希望有个最利于自身的解决方式，于是双方和解的动机不断降低。冲突往往是因信息不对称而引发的，是不确定性带来的产物。两国间由于缺乏信息交流和沟通的渠道，无法对对方的行为做出估计。虽然有许多可解决矛盾的方式，但如果两方都不同意那一系列的协议，战争便成为了最可能被采用的方式（Fearon，1995）。而国家之间的贸易和投资是可知的，一个开放国家的贸易和直接投资水平是对外公开的，因此提供了沟通和协调的方法，使双方有足够的信息来达成协议，信息的可信度加强了协商交流。因此高水平的贸易和投资提供给外界更明显的信号，意味着国家间关系具有更大的确定性，因此贸易和投资可以通过降低不确定性来促进和平、减少冲突（Stein，2003）。Sandoval 就此提出，通过发展经贸往来，可以在对方开设更多的官方机构，通过这些机构组成的网络提供更多的信息，增加透明性，从而减少由于不确定性所引发的冲突（Sandoval，2006）。

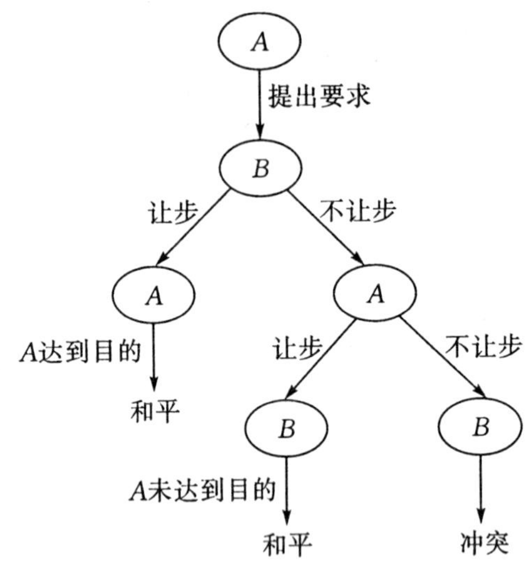

图 3-2 无贸易和直接投资时的两国政策选择

贸易和直接投资也是可信的威慑信号的来源，增加了国家在面临可能爆发的冲突时可使用的威慑手段，并可以降低信息的不确定性，从而有助于和平解决争端。以图 3-2 为例，假设有不存在商业往来和经济联系的两个国家 A 和 B。如果 A 向 B 提出要求，B 要么坚持不妥协，要么让步，没有其他办法可以采取来向 A 发出可信的威慑信号。对于 B 的不妥协，提出要求的国家 A 也只有两种选择，让步或者不让步，如果 A 坚持一定要实现要求，那么冲突就在所难免。

但是，存在经济联系的两个国家之间情形就不同了，如图 3-3 所示。假设有两个国家 A 和 B，它们之间有贸易和投资。如果 A 首先挑起争端，向 B 提出要求，要求 B 做出让步，满足其条件，那么 B 将会有两种选择，第一是做出让步，满足 A 的要求；第二是不让步，不满足 A 的要求，这时 B 又面临两种选择，将争端升级，恶化为冲突乃至战争，或者，B 也可以威胁要中断贸易和投资，表示自己宁愿损失贸易和投资的收益也不愿做出让步，从而向 A 表示自己的决心。当 A 国在 B 国的贸易收益或投资收益足够大时，国家 B 通过威胁中断贸易投资甚至真正中断贸易投资，发出了可信的威慑信号，那么有可能迫使国家 A 收回其要求，和平解决争端，避免争端升级。还有一种可能是从施压的国家来看，如果国家 A 和 B 之间具有经济联系，国家 A 也可以采取经济制裁等方式来迫使国家 B 做出让步，向对方表示自己的决心，从而不用诉诸战争就可以实现自己的目标。由此可见，与没有经济联系的国家相比，经济上相互依赖的国家之间在冲突升级的过程中，拥有更多的手段（如经济制裁和冻结财产等）来表示决心，而不是直接诉诸战争。

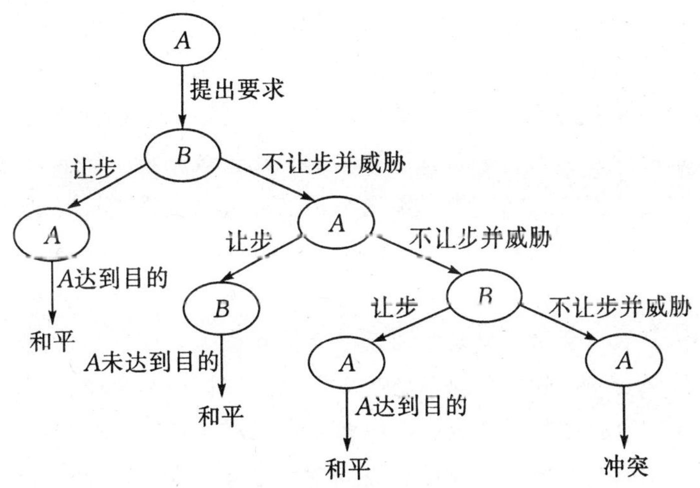

图 3-3　有贸易和直接投资时的两国政策选择

三、国际贸易和国际直接投资可促使国家采用和平的对外政策

国际贸易和国际直接投资不仅是国内政策的被动追随者，更

是一个潜在有力的政治行为者，会影响公共政策和政治环境（Spero and Hart，2003）。国际贸易和国际直接投资对国内政治的影响包括两个方面。首先，国际贸易和国际直接投资直接影响东道国的领导人。国家领导层选择最利于他们选举的政策，为了使他们被再次选举上的机会最大，国家领导层不得不关心支持他们的选民和整体经济，政治领导者必须确保经济态势良好。比如在2012年奥巴马和罗姆尼的总统竞选辩论中，再三强调的都是经济发展大计，只有让选民相信他们能提高经济发展水平，选民才有可能投他们的票。

其次，从国内政治层面来看，国家间贸易和投资活动大多是通过公司、私人组织、个人来开展的，而每个组织和个人都希望实现自身利益，于是国内各种行为体通过参与制定贸易、投资和其他相关政策来实现自己集团的利益，国家的决策正是在国内利益集团不断的博弈和理性权衡中产生的。贸易和直接投资代表了利益集团的立场，这些利益集团可以对国内政治产生影响，它们会通过合法或非法的方式干预选举、采取行动支持或反对公共政策，进而影响国家对外政策的制定（Choate，1990），如图3-4所示。比如，克罗地亚和斯洛文尼亚有边境争端，2009年克罗地亚欧盟贸易委员会给克罗地亚和斯洛文尼亚施压，让它们通过协调或借助联合国国际法庭的帮助解决它们之间的边界争端，而不希望冲突一直持续甚至升级。在许多国家，利益集团的核心作用就是通过影响政策的制定过程和改变现有政策获取有关利益。“冷战”结束后，利益集团在国家对外决策过程中的态度较以往更加积极，游说的策略手段更加先进，作用也更加明显。后“冷战”时期美国对外政策制定模式显示出，几乎每一个与贸易有关的政策和立法都有深刻的国内和国际背景。美国政府决策者在对外政策方面较以往更多地考虑利益集团的要求，利益集团对国会立法者和政府执法者产生着巨大影响，通过对他们的规制实现自身的政策目标。利益集团广泛参与到社会政治经济的各个方面，通过各种协商、倡议、谈判、游说甚至示威抗议来维护特殊集团的特殊利益。

图 3-4　贸易和直接投资对国家对外政策的影响

Simon 认为，若对国家和社会之间的关系进行不同的界定，所建构的理论模式也就不同，因此经济上的相互依赖能否导致和平，主要取决于国内各力量的对比（Simon，2003）。Solingen 认为，在国际化的过程中，国内社会形成三种典型的联盟：国际化联盟、抵制联盟和中间派，这些联盟具有不同的偏好，采取不同的战略。当各国的国际化联盟占上风时，国家制定政策时会更多地权衡对外交往的利益，地区将出现和平局面（Solingen，2003）。Schneider 和 Schulze 从贸易部门与军事部门或投资部门与军事部门之间的博弈出发，认为当贸易和投资部门的力量占上风时，国家会倾向于和平解决军事冲突（Schneider and Schulze，2005）。而 Alfred 等人则从生产者和消费者两者之间的关系这一角度出发，研究了经济交易对敌对国家确立外交联系的重要影响（Alfred，1983）。加勒特和兰格认为，国家最终的政策输出还受到国内体制和制度的影响，而这些体制和制度受不同的利益集团的控制（加勒特和兰格，2003）。

四、国际贸易和国际直接投资的交往可促进国家间其他领域的合作

随着时间的推移，合作的开展可能会逐渐加深，由最初的追

求物质利益到改变彼此的态度和观念，贸易和直接投资领域的合作会扩展至其他更高层次领域的合作。此外，贸易和直接投资这种经济上的相互依赖不仅能够产生客观的物质利益，更重要的是，能够促进各国人民的相互了解和沟通，改变彼此的看法，从而减少引发冲突的误解。而且贸易投资领域的合作机制可以扩展和外溢到其他领域，使合作领域不断扩大，层次日趋提高，在不断加强和深化的合作中，逐步建立起争端解决机制，确立共同的利益预期和规范，从而改变贸易和投资伙伴国的看法和态度，使它们发展成为“安全共同体”，从而实现国家间的和平。经济上的相互依赖也是形成集体身份的一个必要条件，经济上的往来被看作是交流，在交流的过程中，“各方原来的身份都在减弱，各方都在学习以他者的眼光来看待自己，也在改变着自我身份的定义”，“在任何人进行任何关于行为的讨论之前，就能够创造相互依存的共同再现以及相互依存所建构的‘群我’意识”，“一旦成对的‘有意义’的他者存在，在整个体系中形成集体身份的可能也就存在了”①。因此，经济相互依赖并不仅仅以理性主义者所认为的方式对国家的行为发挥作用，而是有可能通过互构身份，产生群我意识，从而建构国家的和平行为。

上述的几种和平机制论虽然立论的角度各不相同，但是它们得出的主要结论却都相同：国际贸易和国际直接投资这两种经济相互依赖的方式能够减少国家之间的冲突，促进国家间关系和平地发展。当然，贸易和直接投资对国际冲突的消减作用也依赖于很多国内和国际因素。

---

① 亚历山大·温特著，秦亚青译．国际政治的社会理论［M］．上海：上海人民出版社，2001：434-435．

第三节　国际贸易和国际直接投资的相互作用对国际冲突的影响

一、绝对优势诱发的情形

绝对优势诱发的情形指的是绝对优势诱发的国际贸易和国际直接投资相互作用时对国际冲突的影响。绝对优势诱发的国际贸易和国际直接投资发生的前提是参与国际贸易和国际直接投资的国家能够生产具有绝对优势的产品，在国际贸易中选择这样的产品作为出口产品。具有绝对优势产品的国家的对外直接投资是绝对优势诱发的直接投资，并且对外直接投资的产品是投资国具有绝对优势的产品。此处按照龚晓莺（2006）的思路，根据影响生产函数的几个因素来分析绝对优势诱发的情形。

（一）自然资源禀赋的绝对优势诱发的情形

利用自然资源禀赋的绝对优势生产的产品是资源密集型产品。自然资源的可流动性较强，因此具有自然资源禀赋绝对优势的产品既可以在本国生产，也可以通过对外直接投资在国外生产，二者各有利弊。若将本国自然资源运到国外生产地进行直接投资生产，需要花费资源的运输成本。若先在本国生产再出口产品到国外，需要花费产品的运输成本。所以，当一个国家拥有自然资源禀赋的绝对优势时，本国对外贸易和对外直接投资的关系是互补还是替代，取决于二者在成本与收益上的比较。投资国自然资源禀赋绝对优势产品的对外直接投资对国际贸易的影响可分为对东道国出口贸易和进口贸易的影响。从投资国自然资源禀赋绝对优势产品的对外直接投资对东道国出口贸易的影响来看，具有自然资源禀赋优势产品的国家对外直接投资生产的产品在国际市场上同样具有竞争力，这些产品除了满足东道国内部需求外，剩余的可以用于出口，不但可以增加东道国该种产品的出口量，还可以拉动东道国相关产品的出口，在这种情况下，投资国的对外直接投资促进了东道国的出口贸易，两国间的贸易和直接投资都增加，贸易和直接投资对国际冲突起的作用都在增强。由于是分析东道国而非投资国的出口，因此不分自由贸易和保护贸易情形讨论。从投资国自然资源禀赋绝对优势产品的对外直接投资对东道国进口贸易的影响来看，在自由贸易情形下，直接投资企业需要从其投资国进口原材料，同时，伴随东道国对直接投资企业生产产品的消费，东道国会派生出对相关商品的需求，拉动对相关商品的进口。保护贸易情形下，当东道国能自己生产该产品时，便不愿从投资国进口，因此该产品的对外直接投资形成了对东道国同种产品进口贸易的替代。由此可见，在自由贸易情形下投资国的直接投资促进了东道国的进口，两国间直接投资量和贸易量都增加，对国际冲突的影响都加强。而保护贸易情形下，贸易对国际冲突的影响随着直接投资的发展而减弱。

（二）劳动力资源禀赋的绝对优势诱发的情形

由于劳动力资源与自然资源相比，流动困难较大，因此产品只有放在本国生产才能充分利用劳动力资源禀赋的绝对优势，因为在国外不具有同样充裕的劳动力资源禀赋，劳动力跨国流动的成本非常高，如果利用本国的劳动力资源禀赋而进行对外直接投资生产同种产品，绝对优势也可能丧失。在自由贸易情形下，产品可以无障碍地进出口，具有绝对优势产品的国家可以使用本国劳动力资源在本国生产和出口，不会开展同类产品的对外直接投资。在保护贸易情形下，如果关税和非关税壁垒成本高昂，产品出口减少，于是对外直接投资形成了对该产品出口贸易的替代。因此，劳动密集型产品的出口和对外投资之间相互替代，如果两国之间最初进行劳动密集型产品的贸易促进两国关系和平稳定地发展，那么当直接投资发展起来后，贸易对国际冲突的影响就逐渐减少，被直接投资对国际冲突的影响所逐渐取代。

（三）资本和技术的绝对优势诱发的情形

由于资本优势通常和技术优势结合在一起发挥作用，因此一并讨论。拥有资本、技术绝对优势的产品贸易与对外直接投资的关系可分为四种情况讨论。(1) 投资国产品出口贸易与产品对外直接投资之间的关系。因为技术要素跨国流动的成本非常低，所以一旦存在产品进口国关税或非关税壁垒，产品的生产国就会受到很大影响，导致出口急剧下降。因此，一国资本和技术绝对优势产品的对外直接投资对同种产品的出口贸易有很强的替代性。(2) 投资国资本和技术绝对优势产品进口贸易与该产品的对外直接投资之间的关系。资本和技术绝对优势产品的对外直接投资必然推动投资国和东道国的贸易，因为具有资本和技术绝对优势的产品国际竞争能力非常强，可以迅速地笼络大笔的资金，加速资本的进一步扩大，迅速提高投资国的对外支付能力，加大进口贸易的开展。(3) 投资国资本和技术绝对优势产品的对外直接投资与东道国出口贸易之间的关系。在具有资本和技术绝对优势的国家在东道国进行了直接投资后，东道国就能够生产自己原本不具备优势的产品，无疑扩大了其对外出口。(4) 投资国资本和技术绝对优势产品的对外直接投资与东道国进口贸易之间的关系。一方面，东道国由于可以自己生产具有资本和技术绝对优势的产品，会减少从投资国的进口。但另一方面，东道国资本积累会随之增加，这势必推动东道国对进口的需求，即从其他国家进口本国所需商品。这两方面的作用孰大孰小，取决于是自由贸易情形还是保护贸易情形，如果是自由贸易，投资国资本和技术绝对优势产品的对外直接投资推动东道国进口贸易的作用可能较大，如果是保护贸易情形，投资国资本和技术绝对优势产品的对外直接投资减少东道国进口贸易的作用可能较大。但从以上四个方面来看，不论是自由贸易情形下还是保护贸易情形下，总体而言，资本和技术绝对优势诱发的直接投资对贸易的发展都具有促进作用，两国间的国际直接投资和国际贸易可以相互促进、共同发展，一同增加对国际冲突产生的影响，不过在自由贸易下，直接投资和贸易间的互补作用更强，即在自由贸易情形下，国际贸易和直接投资能更显著地相互促进各自对国际冲突的影响。

二、比较优势诱发的情形

比较优势诱发的情形指的是比较优势诱发的国际贸易和国际直接投资相互作用时对国际冲突的影响。比较优势诱发的国际贸易是指在参与国际贸易的一些国家不拥有绝对优势产品的前提下，选择本国的比较优势产品作为出口产品的国际贸易。由于在分析比较优势时，基本情况与绝对优势的分析类似，与之不同的是两国分别都会生产具有比较优势的产品，因而此处不再根据影响生产函数的因素来讨论，而是按自由贸易情形和保护贸易情形分析。

（一）自由贸易的情形

（1）对投资国出口贸易的影响。投资国具有比较优势产品的对外直接投资占据了该国同种产品的海外市场份额，替代了其出口贸易。(2) 对投资国进口贸易的影响。投资国具有比较优势产品的对外直接投资增加了投资国的资本积累，提高了其偿付能力，继而促进了投资国进口贸易的发展。(3) 对东道国出口贸易的影响。投资国具有比较优势产品的对外直接投资扩大了东道国的生产和出口能力。(4) 对东道国进口贸易的影响。投资国具有比较优势产品的对外直接投资替代了东道国同种产品的进口贸易，但增加了东道国的财富积累，提高了其进口能力，并引致了相关上下游产品的进口。由于两国都拥有具有比较优势的产品，A 国对 B 国投资，减少了 A 对 B 的出口，但增加了 B 国的进出口能力，B 国对 A 国投资，减少了 B 对 A 的出口，但增加了 A 国的进出口能力。总体而言，国际贸易总量可能大体不变，但由于国际直接投资会带来劳动力和生产要素的贸易，因此贸易量增加，可见，国际直接投资促进了国际贸易的发展。因此，在自由贸易情形下，国际直接投资的发展增加了国际贸易的流量，二者对国际冲突的共同作用加强。

（二）保护贸易的情形

在保护贸易情形下，国家间贸易壁垒较大，贸易的成本高，因为国家倾向于选择投资的方式绕过关税和非关税壁垒，在东道国进行生产，打入东道国国内市场，挤占东道国同类产品的市场份额，甚至使原有的同类产品退出市场，而此时投资国具有比较优势的产品可能就变成了东道国具有比较优势的产品，投资国需要重新寻找自己具有比较优势的产品进行贸易。在这种情况下，世界贸易结构将发生变化，但贸易量是增加还是减少是无法衡量的，国际直接投资对国际贸易的影响是不确定的。因此，两国间国际直接投资、国际贸易对国际冲突的共同影响也是不确定的。

三、需求偏好诱发的情形

绝对优势和比较优势诱发的国际贸易和国际直接投资是从供给方的角度分析，如果从需求方来看，国际贸易和国际直接投资的产生可能是由需求偏好引发。需求偏好是指消费者对某个国家的某种产品具有的特殊购买欲望和购买力。根据 Linder（1961）的偏好相似理论，产品的出口结构、流向及贸易量的大小取决于本国的需求偏好，而一国的需求偏好又取决于该国的平均收入水平。此处需求偏好诱发的情形指的是需求偏好诱发的国际贸易和国际直接投资相互作用时对国际冲突的影响。

（一）自由贸易的情形

（1）投资国对外直接投资对投资国进出口贸易的影响。在自由贸易情形下关税与非关税贸易壁垒可被忽略，由需求偏好诱发的国际贸易能顺利展开，国家进行对外直接投资的动力较小。但有些国家为了实现规模经济，通过跨国公司形成全球生产网络，将产品生产从国内延伸到国外，扩大生产和销售的深度和广度。这种直接投资是水平型的，一国的公司或企业作为投资者将生产资本输出到另一国，在投资所在国设立子公司，根据当地情况从事某种产品的设计、规划、生产和销售等全部经营活动，两国彼此互为投资国和东道国，因而这种相互直接投资可以进一步促进各国商品的出口贸易，这种状况在发达国家之间表现得最显著和普遍。随着一些新兴工业化国家的发展及发展中国家的崛起，在发达国家与新兴工业化国家、发展中国家之间也开始出现这种情形，比如，日本与亚洲新兴工业化国家和地区间的贸易与投资、东盟成员国家间的贸易和投资都呈明显上升趋势。与此同时，投资国能够在当地生产和销售中获得大量的外汇收入，这种收益会增强投资国的进口能力，促进进口贸易的发展。而投资国的进口又积累了本国资本，提高了其国内经济实力，进一步拉动直接投资的增长。因此，投资国出口贸易的发展与直接投资相辅相成，呈互补关系，两者对国际冲突的作用相互增强。(2) 投资国的直接投资对东道国进出口贸易的影响。就短期而言，资本流入使东道国外汇收入增加，而且由此引发大量产品出口，并使国际收支得以改善。所生产的产品如果多数销往母国或其他国家，则国际直接投资主要产生促进贸易发展的效应，如果产品多数在东道国销售，则直接投资的贸易替代效应更大。此外投资对东道国贸易的影响还取决于原材料的来源，如果原材料来自东道国国内则贸易效应不确定，如果来自其他国家则国际投资会对东道国贸易产生积极影响。综上所述，在自由贸易情形下，投资国对外直接投资与其进口贸易间能相互促进，二者相辅相成，对国际冲突的作用呈螺旋式上升。

（二）保护贸易的情形

(1) 投资国对外直接投资对投资国出口贸易的影响。在需求偏好诱发的国际贸易中，投资国的出口贸易主要取决于进口国对该产品的需求偏好和收入水平。由于是保护贸易，进口国实施各种关税和非关税壁垒，投资国为绕开贸易壁垒会设法到进口国寻找投资的渠道，实现投资对贸易的部分替代，使投资与贸易之间呈现出替代关系。(2) 投资国对外直接投资对投资国进口贸易的影响。从长期来看，对外直接投资的最终目的是使资金回流，因而会增加投资国的资本存量，投资国对外直接投资对其进口贸易具有一定程度的促进作用。此外，投资国在进行对外直接投资时，可将其生产规模进一步扩大，通过规模经济，降低其产品单位的成本，更好地满足国内外市场的需求。随着产品产量的增加，投资国也可通过其跨国公司进行内部贸易，进口其在国外生产的产品。但由于保护贸易政策的存在，这种促进作用在相当程度上会打折扣。(3) 投资国的直接投资对东道国进出口贸易的影响。在保护贸易情形下，投资国的对外直接投资对东道国进口贸易的替代作用比在自由贸易情形下更大，同时对东道国出口贸易的促进作用比在自由贸易情形下更小。在投资国未到东道国从事直接投资和生产时，东道国的该类产品可能大多是依赖进口，而在保护贸易情形下，进口的成本也是比较高昂的。借助投资国的生产，可实现用投资生产的同类产品替代一部分进口产品。因此，保护贸易情形下，投资国的直接投资总体而言减少了东道国贸易总量，国际直接投资和国际贸易两者共同作用于国际冲突的影响较弱，或者说，一方会抵消另一方对国际冲突的作用。

本章小结

国际贸易和国际直接投资对国际冲突的影响有两面性，一方面，国际贸易和国际直接投资对国际冲突具有引发作用。从贸易方面来看，不对称的贸易关系易诱发霸权国家利用优势地位发起冲突，加剧利益争斗，导致部分国家经济恶化，并且会带来贸易开放方面的冲突。从投资方面来看，发达国家掠夺发展中国家重要资源引发冲突，发达国家控制发展中国家经济命脉引发冲突，投资国军事利益的实现引发冲突，跨国公司对东道国的冲击引发冲突。另一方面，国际贸易和国际直接投资对国际冲突具有消减作用。国际贸易、国际直接投资对国际冲突有替代作用；国际贸易和国际直接投资可促进信息交流、制约冲突发生；国际贸易和国际直接投资可促使一国采用和平的对外政策；国际贸易和国际直接投资的交往可促进国家间其他领域的合作。当国际贸易和国际直接投资共同对国际冲突发生作用时，可分为三种情况讨论：绝对优势诱发的国际贸易与国际直接投资相互作用时对国际冲突的影响；比较优势诱发的国际贸易与国际直接投资相互作用时对国际冲突的影响；需求偏好诱发的国际贸易与国际直接投资相互作用时对国际冲突的影响。这三种情形下得出的结论相似：在自由贸易情形下，国际直接投资和国际贸易呈互补关系，能相互促进发展，共同增加对国际冲突的影响。而在保护贸易情形下，国际直接投资和国际贸易时而呈替代关系时而呈互补关系，然而即使是互补关系，相互促进作用也没有在自由贸易情形下强，两者对国际冲突的共同作用相对减弱。

第四章　国际贸易和国际直接投资影响国际冲突的理论模型

第一节　国际贸易和国际直接投资影响国际冲突的两国模型

一、国际贸易影响国际冲突的两国模型

模型的建立以 Polachek 和 Reuveny 的研究为基础（Polachek，1999；Reuveny，2003）。Polachek 和 Reuveny 的模型中假定两个国家间就只有一种关系状态，本书则将国家间关系分为两种状态：一种是 J 国向 K 国发起的行为，另一种是 K 国向 J 国发起的行为。因为国际关系中的行为应该描述为行为体之间的互动，即“谁对谁做了什么”，本书的假定与国际关系理论更为吻合。同时，本书根据经济学原理绘出了边际成本的改变对国际冲突水平的影响，并具体分析了国际贸易和国际冲突间相互影响的过程。

模型假定两个国家的冲突与合作关系与其他国家之间的冲突

和合作没有关系，单独分析国际系统中的两个国家，J 国和 K 国，和一种商品。在 J 国，冲突被定义为 Z_J，它代表 J 国向 K 国发起的冲突行为。在 K 国，冲突被定义为 Z_K，代表 K 国向 J 国发起的冲突。考虑 J 国即发起国对贸易伙伴国 K 国即目标国发起冲突。J 国的社会福利函数由 U（C_J，Z_J）表示，C_J 是 J 国的消费，消费可被视作外生变量。假定国家的最大化效用随着消费的增加而增加，也随着它们对贸易伙伴国的冲突程度增加而增加，国家通过选择对目标国的冲突来最大化效用。假设随着国内消费的增加社会福利增加，但消费的边际效用降低，则$\frac{\partial U}{\partial C_J}>0$，$\frac{\partial^2 U}{\partial^2 C_J}<0$。假定当一国对另一国发起冲突时发起国获得满足，但冲突的边际效用下降，则$\frac{\partial U}{\partial Z_J}>0$，$\frac{\partial^2 U}{\partial^2 Z_J}<0$。$J$ 国的消费为 $C_J=Q_J+Q_{KJ}-Q_{JK}$，其中 Q_J 是 J 国的国内消费，Q_{KJ} 表示从 K 国到 J 国的出口，Q_{JK} 表示从 J 国到 K 国的出口。J 国商品出口到 K 国的价格及 K 国商品出口到 J 国的价格都是 Z_J 和 Z_K 的函数。Z_J 提高了 J 国对 K 国出口的难度，J 国的商品出口到 K 国受到排斥，只能以更低廉的价格出售，而 K 国也不愿意出口到 J 国，除非有更高昂的价格吸引，因此，J 国出口到 K 国的价格（P_{JK}）下降，并且 J 国支付给 K 国的价格（P_{KJ}）提高，即$\frac{\partial P_{JK}}{\partial Z_J}<0$，$\frac{\partial P_{KJ}}{\partial Z_J}>0$，$\frac{\partial^2 P_{JK}}{\partial^2 Z_J}<0$，$\frac{\partial^2 P_{KJ}}{\partial^2 Z_J}>0$。同样，随着 Z_K 提高，K 国出口到 J 国的价格（P_{KJ}）下降，并且 K 国支付给 J 国的价格（P_{JK}）提高，即$\frac{\partial P_{KJ}}{\partial Z_K}<0$，$\frac{\partial P_{JK}}{\partial Z_K}>0$，$\frac{\partial^2 P_{KJ}}{\partial^2 Z_K}<0$，$\frac{\partial^2 P_{JK}}{\partial^2 Z_K}>0$。

商品进出口额是该商品进出口价格的函数，如果贸易品是正常商品，则$\frac{\partial Q_{JK}}{\partial P_{JK}}<0$，$\frac{\partial Q_{KJ}}{\partial P_{KJ}}<0$。假定冲突会直接影响进口和出口，会减少贸易并导致“贸易利得”的损失，因此冲突的成本在于减少进口和出口的量，这说明$\frac{\partial Q_{JK}}{\partial Z_J}<0$，$\frac{\partial Q_{JK}}{\partial Z_K}<0$，$\frac{\partial Q_{KJ}}{\partial Z_J}<0$，$\frac{\partial Q_{KJ}}{\partial Z_K}<0$。而冲突也会带来好处，比如攫取资源或取得压倒性的地位等，算作是冲突的收益。

对于给定的Q_J、Q_{JK}、Q_{KJ}，J国通过选择Z_J来最大化本国的效用，约束条件是预算平衡$Q_{JK}P_{JK}-Q_{KJ}P_{KJ}=0$，则拉格朗日函数为：

$$L=U(Q_J+Q_{KJ}-Q_{JK},\ Z_J)+\lambda(Q_{JK}P_{JK}-Q_{KJ}P_{KJ}) \tag{4.1}$$

其中，L为常数，求Z_J对P_{JK}的偏导，得到：

$$\frac{\partial Z_J}{\partial P_{JK}}=-\frac{\frac{\partial U}{\partial(Q_J+Q_{KJ}-Q_{JK})}\left(-\frac{\partial Q_{JK}}{\partial P_{JK}}\right)+\lambda\left(\frac{\partial Q_{JK}}{\partial P_{JK}}P_{JK}+Q_{JK}\right)}{\frac{\partial U}{\partial Z_J}+\lambda\left(\frac{\partial P_{JK}}{\partial Z_J}Q_{JK}+\frac{\partial Q_{JK}}{\partial Z_J}P_{JK}-\frac{\partial P_{KJ}}{\partial Z_J}Q_{KJ}-\frac{\partial Q_{KJ}}{\partial Z_J}P_{KJ}\right)} \tag{4.2}$$

其中$\lambda>0$，根据前面假定，$\left(\frac{\partial P_{JK}}{\partial Z_J}Q_{JK}+\frac{\partial Q_{JK}}{\partial Z_J}P_{JK}-\frac{\partial P_{KJ}}{\partial Z_J}Q_{KJ}-\frac{\partial Q_{KJ}}{\partial Z_J}P_{KJ}\right)<0$，可得$\frac{\partial Z_J}{\partial P_{JK}}>0$，这说明，随着从发起国出口到目标国的商品价格提高，发起国对目标国的冲突增加。同理可证$\frac{\partial Z_J}{\partial P_{KJ}}<0$，即随着发起国从目标国进口商品价格的上升，发起国对目标国的冲突减少。

分别求Z_J对Q_{JK}的偏导、Z_K对Q_{KJ}的偏导，得到：

$$\frac{\partial Z_J}{\partial Q_{JK}}=-\frac{\lambda P_{JK}-\dfrac{\partial U}{\partial\ (Q_J+Q_{KJ}-Q_{JK})}}{\dfrac{\partial U}{\partial Z_J}+\lambda\left(\dfrac{\partial P_{JK}}{\partial Z_J}Q_{JK}+\dfrac{\partial Q_{JK}}{\partial Z_J}P_{JK}-\dfrac{\partial P_{KJ}}{\partial Z_J}Q_{KJ}-\dfrac{\partial Q_{KJ}}{\partial Z_J}P_{KJ}\right)} \tag{4.3}$$

$$\frac{\partial Z_K}{\partial Q_{KJ}}=-\frac{\dfrac{\partial U}{\partial\ (Q_J+Q_{KJ}-Q_{JK})}-\lambda P_{KJ}}{\lambda\left(\dfrac{\partial P_{JK}}{\partial Z_K}Q_{JK}+\dfrac{\partial Q_{JK}}{\partial Z_K}P_{JK}-\dfrac{\partial P_{KJ}}{\partial Z_K}Q_{KJ}-\dfrac{\partial Q_{KJ}}{\partial Z_K}P_{KJ}\right)} \tag{4.4}$$

式（4.3）和式（4.4）的符号均为负，即随着 Q_{JK} 增加，Z_J 下降，随着 Q_{KJ} 增加，Z_K 下降。这说明，伴随着 J 国和 K 国之间贸易量的增加，两国间的冲突减少。

图 4-1 表示了贸易条件如何影响冲突。边际成本（MC）曲线表示冲突的边际成本，向右上倾斜表示冲突级别越高成本越高，即收支平衡这个约束条件的二阶导数为正。边际收益（MR）曲线表示从冲突获得的福利收益。如果冲突没有获得福利收益，则 MR 曲线与水平轴重合，MC 曲线与水平轴相交，则冲突的最优水平为 C 点。

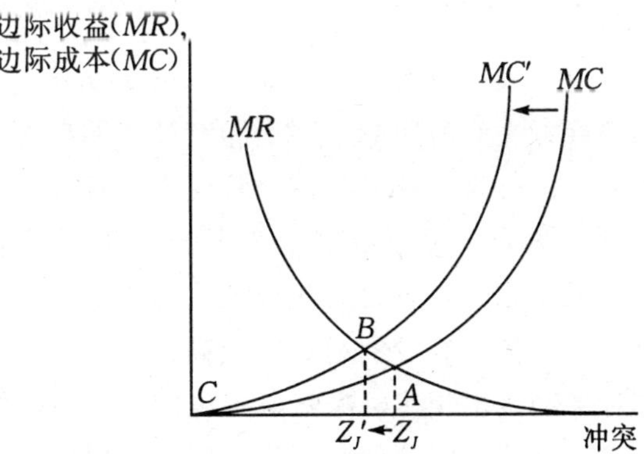

图 4-1　贸易如何消减冲突

发起国 J 会选择同 K 国的冲突数目为冲突的边际成本与边际收益相等时的数目。在 A 点时，边际收益等于边际成本。边际成本函数里包含商品的进口价格和出口价格。一国商品进口价格上升则相当于边际成本提高，MC 曲线左移到 MC'，与 MR 曲线的交点变为了 B 点，冲突水平较 A 点时降低。同样，一国商品出口价格高表示 MC 曲线位置低，所以冲突程度高。

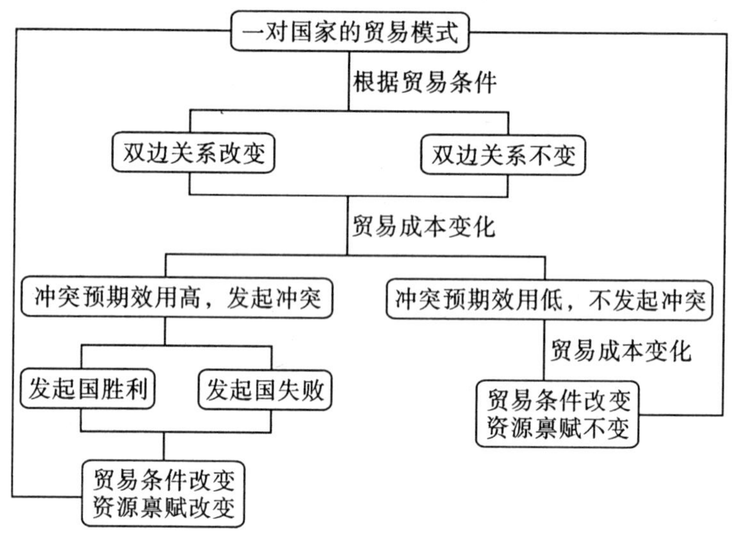

图 4-2　国际贸易和国际冲突间的作用机制

贸易与国际冲突间的影响是一个相互的、循环的过程，可以用图 4-2 表示。起初两国存在一种贸易模式，若贸易条件有利于双方贸易发展，两国关系稳定；若贸易条件不利于双方贸易发展，则两国关系不稳定，于是发生改变。随着双边关系变化，贸易成本便会随之改变，假设贸易成本变高，如果国际冲突的预期收益低，与冲突的收本相比，净收益不确定，则一国倾向于不发起冲突。如果国际冲突的预期收益高，国家从冲突行为中可以获得较大的好处，则一国倾向于发起冲突。发起冲突后有两种可能①，发起国胜利或发起国失败，这两种结果都会导致贸易条件改变，两国的资源禀赋改变，进而使两国间的贸易模式发生变化。如果没有发起冲突，则资源禀赋不发生变化，但由于贸易成本的变化，贸易条件还是发生了变化。

二、国际直接投资影响国际冲突的两国模型

模型的建立修正了 Polachek 等人（2005）的研究：第一，在 Polachek 等人的模型中，他们假定的是投资回报是投入资本的减函数，这与实际不符，本书中的假定是投资回报是投入资本的增函数，因为随着投入资本的增多，虽然资本回报率在到达一定额度后会降低，但投资回报却是增加的。第二，本书加入了劳动力这个变量，使收入函数与经济学原理更吻合。第三，与对贸易影响国际冲突模型的改进相同，本模型中也将国家间关系分为两种状态，一种是投资国向东道国发起的行为，另一种是东道国向投资国发起的行为。

假设世界由两个国家组成，J 国和 K 国，J 国为投资国，K 国为东道国。投资国和东道国的效用函数为：

$$U_J = U_J(C_J, Z_J) \tag{4.5}$$

$$U_K = U_K(C_K, Z_K) \tag{4.6}$$

C_J 代表投资国的消费，C_K 表示东道国的消费。Z_J 表示投资国对东道国的冲突，Z_K 表示东道国对投资国的冲突（Polachek，1980）。Z 值越大表示冲突越多，越小表示冲突越少。

① 虽然可能出现僵持状态，但僵持到最后仍旧要变为胜利或失败这两种状态。

给定投资国和东道国的劳动力分别为 l_J 和 l_K。为简化推导，假设跨国公司仅存在于投资国，而东道国没有。在第一阶段，跨国公司拥有资本 k_J，用于本国生产的为 k_1，投资到东道国的资本为 k_2。所以，

$$k_1+k_2=k_J \tag{4.7}$$

直接投资产生的回报在投资国和东道国分别为 R_1 和 R_2。在投资国的投资回报取决于资本投入和其他的因素，包括本国的公共基础设施水平、劳动力的受教育程度及其他类型的社会资本等变量，用 Ω_J 表示。在东道国的投资回报取决于资本投入、东道国的其他因素 Ω_K 以及两国的国际关系，若两国间冲突多会造成投资国有更多投资限制，而东道国也会针对外国的投资者出台一些限制政策，因此跨国公司在东道国的投资回报是冲突的函数。

$$R_1=R_1\ (k_1,\ \Omega_J) \tag{4.8}$$

$$R_2=R_2\ (k_2,\ Z_J,\ Z_K,\ \Omega_K) \tag{4.9}$$

根据定义可知，

$$\frac{\partial R_1}{\partial k_1}>0,\ \frac{\partial R_2}{\partial k_2}>0,\ \frac{\partial R_2}{\partial Z_J}<0,\ \frac{\partial R_2}{\partial Z_K}<0,\ \frac{\partial R_2}{\partial \Omega_J}>0,\ \frac{\partial R_2}{\partial \Omega_K}>0$$

即投资国和东道国都是资本越多，两国的投资回报越高；投资国和东道国发起的冲突越多，两国的投资回报越少；投资国和东道国的公共基础设施水平、劳动力的受教育程度越高，两国的投资回报越多。

投资国和东道国的工资水平分别用 w_J 和 w_K 表示，投资国的收入 y_J 为

$$y_J=w_Jl_J+R_1k_1+\ (1-\tau)\ R_2k_2 \tag{4.10}$$

其中，τ 是东道国对跨国公司的投资收入征税的税率。

投资国的预算限制为

$$C_J+Z_J=w_Jl_J+R_1k_1+\ (1-\tau)\ R_2k_2 \tag{4.11}$$

由式（4.11）可知，$\frac{\partial C_J}{\partial Z_J}<0$，$\frac{\partial C_J}{\partial k_2}>0$

东道国的收入为

$$y_K = w_K l_K + R_K k_K + \tau R_2 k_2 \tag{4.12}$$

其中，k_K 是东道国公司所拥有的资本总量，R_K 是东道国本国的资本回报。

$$R_K = R_K(k_K, \Omega_K) \tag{4.13}$$

东道国的工资率随着资本总量的增加而增加。所以

$$w_K = w_K(k_2, k_K, h_K) \tag{4.14}$$

其中，h_K 是东道国公司人力资本存量。

投资国的预算约束为

$$C_K + Z_K = w_K l_K + R_K k_K + \tau R_2 k_2 \tag{4.15}$$

在第一阶段，跨国公司决定如何在投资国和东道国间分配投资组合，而东道国政府决定对外资征收的税率。在第二阶段，每个国家的政府决定与他国的国际关系的状况，即选择 Z 的大小。给定第一部分选择（k_1，k_2，τ），投资国选择冲突级别 Z_J，东道国选择 Z_K。接着在第二阶段求投资国效用的最大化。

$$\underset{Z}{Max}U_J = U_J(w_J l_J + R_1(k_J - k_2) + (1-\tau)R_2 k_2 - Z_J, Z_J) \tag{4.16}$$

一阶条件为

$$\frac{\partial U_J}{\partial Z_J} = \frac{\partial U_J}{\partial C_J} - (1-\tau)\frac{\partial U_J}{\partial C_J}\frac{\partial R_2}{\partial Z_J}k_2 \tag{4.17}$$

这个条件表示，最优的冲突级别由冲突边际收益与边际成本相等时的交点决定，即 $MR=MC$ 时冲突级别达到最优。

冲突的成本由两个部分组成：一是直接的资源成本，即社会要拥有一单位的 Z 时放弃的一单位的物品消费。二是加给选择在东道国投资的国内居民的间接成本，这是由于两国关系恶化导致

消费减少效用降低。东道国效用最大化的一阶条件为

$$\frac{\partial U_K}{\partial Z_K}=\frac{\partial U_K}{\partial C_K}-\tau\frac{\partial U_K}{\partial C_K}\frac{\partial R_2}{\partial Z_K}k_2 \tag{4.18}$$

将式（4.17）求全微分可得到

$$\frac{\partial Z_J}{\partial k_2}=\frac{\frac{\partial^2 U_J}{\partial C_J{}^2}\frac{\partial C_J}{\partial k_2}\left[1-(1-\tau)\frac{\partial R_2}{\partial Z_J}k_2\right]-(1-\tau)\frac{\partial U_J}{\partial C_J}\frac{\partial^2 R_2}{\partial Z_J\partial k_2}k_2-\frac{\partial U_J}{\partial C_J}\frac{\partial R_2}{\partial Z_J}}{\frac{\partial^2 U_J}{\partial C_J{}^2}\frac{\partial C_J}{\partial Z_J}\left[1-(1-\tau)\frac{\partial R_2}{\partial Z_J}k_2\right]-(1-\tau)\frac{\partial U_J}{\partial C_J}\frac{\partial^2 R_2}{\partial Z_J{}^2}k_2} \tag{4.19}$$

可化为

$$\frac{\partial Z_J}{\partial k_2}=\frac{\frac{\partial^2 U_J}{\partial C_J{}^2}\left(1-\frac{\partial R_2}{\partial Z_J}k_2\right)+(\tau-1)\frac{\partial U_J}{\partial C_J}\frac{\partial^2 R_2}{\partial Z_J\partial k_2}k_2+\frac{\partial R_2}{\partial Z_J}\left(\tau\frac{\partial^2 U_J}{\partial C_J{}^2}\frac{\partial C_J}{\partial k_2}k_2-\frac{\partial U_J}{\partial C_J}\right)}{\frac{\partial^2 U_J}{\partial C_J{}^2}\frac{\partial C_J}{\partial Z_J}\left(1-\frac{\partial R_2}{\partial Z_J}k_2\right)+\tau\frac{\partial^2 U_J}{\partial C_J{}^2}\frac{\partial C_J}{\partial Z_J}\frac{\partial R_2}{\partial Z_J}k_2+(\tau-1)\frac{\partial U_J}{\partial C_J}\frac{\partial^2 R_2}{\partial Z_J{}^2}k_2} \tag{4.20}$$

根据以上已知条件可判断出$\frac{\partial Z_J}{\partial k_2}<0$，即随着 k_2 的增加，Z_J 增大。这表示，随着投资国对东道国投资的增加，投资国对东道国的冲突减少，合作增加。同理可求出$\frac{\partial Z_K}{\partial k_2}<0$，即随着投资国对东道国投资的增加，东道国对投资国的冲突减少，合作增加。

第二节　国际贸易和国际直接投资影响国际冲突的多国模型

模型的建立基于 Dorussen（1999）和 Hegre（2002）所做的研究。Dorussen（1999）和 Hegre（2002）都是以国际系统中的多个国家为研究对象，但 Dorussen 由于推导过程的偏差得到了在

多国情况下贸易会增加冲突的结论，Hegre 纠正了 Dorussen 的推导错误，得出贸易会消减冲突的结论，不过 Hegre 模型的假设是一国所有的资源都用来进行贸易，这与现实不符。本书相对于 Hegre（2002）的改进之处在于，本书假定一国的资源一部分用于国内生产，另一部分用于贸易，或者一部分用于国内投资而另一部分用于对外直接投资，这与现实更为相符。另外，由于这个成本收益分析对于贸易和直接投资来说是一样的，所以本书也用该模型来说明国际直接投资消减国际冲突的机制。

模型有两个主要前提假设：（1）国际系统由许多国家构成，所有的国家都控制资源。$S=\{S_1, S_2, \cdots, S_n\}$ 是国家的集合，$r=\{r_1, r_2, \cdots, r_n\}$ 是资源在国家间的分配。资源生产力代表财富和军事力量的提高，资源能使企业和政府最大化本国的行业潜力。（2）国家以资源的预期效用减去冲突的成本所得净收益最大为目标。国家在两个方面从它们拥有的资源中获益：第一，国家从生产和贸易（直接投资）中获益；第二，国家利用本国的资源征服其他国家的资源，然后用来生产和贸易（直接投资）。但后者资源的获益是以冲突作为成本的，具有风险性。

模型用两个函数将贸易（直接投资）与冲突结合起来进行成本—收益分析。

首先分析贸易（直接投资）的预期收益函数，该函数描述了由资源获益的无风险方式。此时，国家选择不同战略来决定贸易（直接投资）的有效性和利益的分配。参数 η 衡量贸易（直接投资）的效率，这取决于各国的贸易壁垒和投资限制。贸易壁垒和投资限制的存在使贸易、投资受到限制，一国不可能获取贸易（直接投资）的全部利益，造成了贸易（直接投资）的低效。对于任何国家而言，总收益的获得分两种方式，一种是仅取决于国内资源（即生产），另一种是取决于国内生产和国外资源（即贸易或直接投资）。如果 S_i有 r_i单位的资源，其中 r_{ip}的资源用于国内生产，每个单位的资源与国内（$r_{ip}-1$）个单位的资源结合进行生产，而 r_{it}的资源用于贸易（直接投资），每个单位的资源与 r_j个单位的国外资源相匹配。则生产和贸易（直接投资）函数如下：

$$P+T=r_{ip}(r_{ip}-1)+\sum_{S_j\neq S_i}\eta r_{it}r_j \tag{4.21}$$

假定国内生产的利得值为 1。限制性贸易（直接投资）利得的值在 0 和 1 之间，即 $0\leqslant\eta\leqslant1$，即这种限制可能导致损失。将生产和贸易（直接投资）的总预期收益定义为 B，则：

$$B\equiv(P+T)+\varphi(P+T)+\varphi^2(P+T)+\varphi^3(P+T)+\cdots=\frac{P+T}{1-\varphi} \tag{4.22}$$

参数 φ 是时间的贴现因子。

其次从冲突的预期成本—收益来讨论贸易（直接投资）和冲突的关系。此时的冲突是由于想获取对其他国家资源的控制权而发生的，比如 1923 年法国、比利时对莱茵的占领，1931 年日本对中国东三省的占领，2003 年美国攻打伊拉克等都是为了攫取资源或控制工业生产中心。

将冲突带来的资源相对数量的变化和获胜的可能性结合起来分析。冲突的结果可能为胜利（p_v）、失败（p_d）或者僵持（p_s），结果不同，获得的资源数量也会不同。一国资源比对手多，赢的可能性更大，而在与目标国资源相等的情况下更易陷入僵局。在任何时期，冲突结果或是明确或是僵持。如果冲突结果很明确，对于一个国家 S_i，预期的收益为 $p_vV_i+p_dD_i-c$，其中 V_i 和 D_i 分别是在胜利和失败时资源的第一期收益，c 是第一期的冲突成本。

总成本是冲突持续时间的函数，僵持的可能性决定了冲突的持续时间，只要冲突持续，贸易（直接投资）和生产就没有收益。一旦冲突预期结果确定，贸易（直接投资）利得就会被无穷地贴现。因此，冲突的资源预期收益为：

$$W=p_vV_i+p_dD_i-c+p_s\ \{p_vV_i+p_dD_i-c+p_s\ (\cdots)\}\tag{4.23}$$

由于国家在未来的预期收益来自于资源的获取或丧失，冲突的预期效用是个降序的等比数列，可推导该国发起冲突的收益为①：

$$W=\frac{p_vV_i+p_dD_i-c}{(1-p_s)\ (1-\varphi)^2}\tag{4.24}$$

当一国预期从冲突中可以比从配额中获益更多时，发起冲突的威胁是可置信的。即：

$$W\geqslant B=\frac{P+T}{1-\varphi}\tag{4.25}$$

这需要足够的武力优势。只要冲突是有成本的，即 $c>0$，那么武力优势就是有限的。

冲突的条件是否满足取决于冲突的成本 c、冲突的收益和损失 V_i 和 D_i 以及资源的初始分配。贸易（直接投资）会影响所有这些参数，因此模型中贸易（直接投资）和冲突是相关的。在经典的预期效用模型中的假定是：贸易直接影响参数 c（Polachek，1980），如果冲突导致贸易（直接投资）的中断，放弃贸易的利得相当于潜在增加了冲突的成本，冲突的高成本使它丧失了吸引力。在本书与 Dorussen 和 Hegre 的模型中，高成本使得冲突的可

① 推出冲突的预期收益减去冲突的成本得到总的预期收益，再将胜利概率 p_v'、失败概率 p_d' 和它们分别的预期收益 V_i、D_i 代替设定的收益。具体推导过程见附录。

能性减小（Dorussen，1999；Hegre，2002）。

贸易（直接投资）使国家能从它们不直接掌握的资源中获益。然而，国家更希望能对资源直接控制，这样可以避开贸易壁垒和投资限制。如果一国希望直接掌握资源，则冲突不可避免。冲突有风险有成本，并且使国家不能从贸易（直接投资）和生产中获益，如果国家预期不能从冲突中获益，则冲突不会发生。有大量的文献分析国家在生产、贸易和冲突间进行的选择（Brito and Intriligator，1985；Grossman and Kim，1996；Powell，1993；Skaperdas，1992）。Skapaerdas 和 Syropoulos 的研究中用多国模型分析了国家间在可能进行贸易时，各国是否会更少地发生冲突（Skapaerdas and Syropoulos，1996）。

贸易壁垒和投资限制会影响国家动用武力的动机。只有当一国预期可以从动用武力中获得更多收益时，动用武力的威胁是可置信的。由于所有的国家控制相同数量的资源，即 $r_i = r_j = r$，因此胜利的可能性只受军事实力的影响而不受相对规模的影响。

等式（4.26）给出了封闭条件下的收益，即在没有贸易（直接投资）和冲突的情况下，仅基于本国资源生产的收益。等式（4.27）包含了生产和贸易（直接投资）的利得。

在没有冲突没有贸易（直接投资）的情况下，一国的效用为：

$$B^0 = \frac{r_p\ (r_p - 1)}{1-\varphi} \tag{4.26}$$

有贸易（直接投资）没有冲突的情况下，一国的效用为：

$$B^\eta = \frac{r_p\ (r_p - 1)\ +\ (n-1)\ \eta r_t r}{1-\varphi} \tag{4.27}$$

假设若一国打赢，它会从所有资源的生产中获取全部收益。若一国打败，则没有留下资源进行生产，战胜方攫取资源生产的所得（nr_p）（nr_p-1）。由于没有资源进行贸易（直接投资），V_i与（nr_p）（nr_p-1）相等。战败国失去所有的资源，因此 $D_i=0$。在任何给定的时期，一个国家在贸易（直接投资）和冲突的利得中进行选择，而冲突是在 V_i 和 D_i 中进行风险博弈。

有冲突时一国的收益为：

$$W=\frac{p_v\,(nr_p)\,(nr_p-1)+p_d\,(0)-c}{(1-p_s)\,(1-\varphi)^2}=\frac{p_v\,(nr_p)\,(nr_p-1)-c}{(1-p_s)\,(1-\varphi)^2} \tag{4.28}$$

设封闭条件下，在冲突可置信的情况下获胜的最小可能性 $\underline{p}_v$ 满足 $W\geqslant B^0$。如果冲突比贸易（直接投资）好，则打赢的最低可能性 $\underline{p}_v$ 满足 $W\geqslant B^\eta$。可推出

$$\underline{p}_v=\frac{[r_p\,(r_p-1)+(n-1)\,\eta r_t r]\,(1-p_s)\,(1-\varphi)+c}{(nr_p)\,(nr_p-1)} \tag{4.29}$$

设有贸易（直接投资）的时候，贸易（直接投资）的效率 $\eta=\tilde{\eta}$，没有贸易（直接投资）的情况下，贸易（直接投资）的效率 $\eta=0$，则：

$$\underline{p}_v^{\tilde{\eta}}-\underline{p}_v^{0}=\left(\frac{n-1}{n}\right)\frac{\tilde{\eta}\,r_t r\,(1-p_s)\,(1-\varphi)}{r_p\,(nr_p-1)} \tag{4.30}$$

由于假定 $n\geqslant 2$，$p_s\geqslant 0$，$\varphi\leqslant 1$，因此上式中所有的符号均为正。如果 η 增加，则 $\underline{p}_v^{\tilde{\eta}}$ 和 $\underline{p}_v^{0}$ 的差增大。这表明，国家需要一定的获胜可能性才会对其贸易（直接投资）伙伴国发起冲突，贸易（直接投资）越有效，这种可能性的底限越高，国家对贸易（直接投资）的开放度越低，则越容易选择使用武力的方式。所以，一国对贸易（直接投资）自由化的限制越高，则发生冲突的可能性越大。

随着 n 的增加，$\underline{p}_v^{\eta\sim}$ 和 $\underline{p}_v^{0}$ 都降低了，因为当 n 增加时，通过冲突可获得的资源增加，冲突获胜的效用 $W \mid p_v$ 增加。赌注越大，风险中性的国家在获胜可能性较低的情况下也会参与冲突，并且也符合获胜最低可能性随着 n 的增加而降低的规律。$\underline{p}_v^{\eta\sim}$ 和 $\underline{p}_v^{0}$ 通常都大于零，当 $\underline{p}_v^{\eta\sim}$ 减小时，$\underline{p}_v^{\eta\sim}-\underline{p}_v^{0}$ 也会减小，如图 4-3 所示。冲突获胜的最低可能性是 n 的函数，实线表示存在贸易壁垒（投资限制）的贸易（直接投资），虚线表示无贸易（直接投资）时的状况，$\underline{p}_v^{\eta\sim}-\underline{p}_v^{0}$ 是两条线之间的垂直距离。

从图 4-3 中可以看出，贸易壁垒（投资限制）越高，贸易（直接投资）越受限制，即 $\underline{p}_v^{\eta\sim}$ 越小时，则国家更倾向于冒着风险去发起冲突而非从贸易（直接投资）中获取收益，因此冲突发生的可能性也就越大。

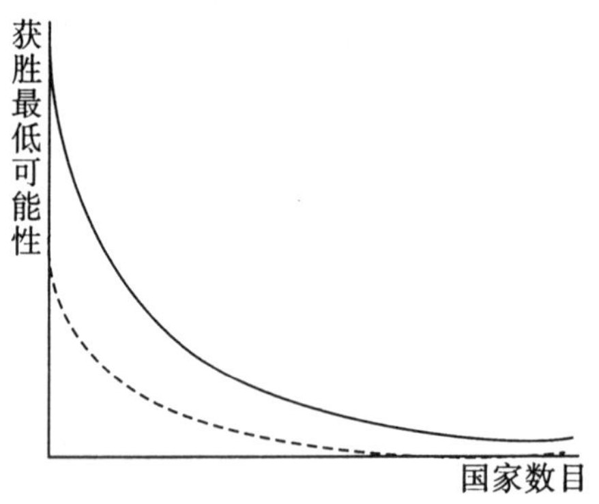

图 4-3　有贸易壁垒（投资限制）和没有贸易（直接投资）时的冲突获胜最低可能性

对于不同的国家，冲突的风险也有差别，用相对风险可表示为：

$$\frac{\underline{p}_v^{\tilde{\eta}}}{\underline{p}_v^0}=1+\tilde{\eta}\ (n-1)\ z \tag{4.31}$$

其中 $z=\frac{r_t r\ (1-p_s)\ (1-\varphi)}{r_p\ (r_p-1)\ (1-p_s)\ (1-\varphi)\ +c}>0$，$\tilde{\eta}\ (n-1)>0$，因此 $\frac{\underline{p}_v^{\tilde{\eta}}}{\underline{p}_v^0}>1$，故贸易（直接投资）越多，最低获胜可能性越高，发起冲突的可能性越小。将 $\frac{\underline{p}_v^{\tilde{\eta}}}{\underline{p}_v^0}$ 对 $\tilde{\eta}$ 求导得（$n-1$）z，该值为正，说明贸易（直接投资）消减了冲突的动机。将 $\frac{\underline{p}_v^{\tilde{\eta}}}{\underline{p}_v^0}$ 对 n 求导得 $\tilde{\eta}$ z，该值为正，说明随着 n 的增加，$\frac{\underline{p}_v^{\tilde{\eta}}}{\underline{p}_v^0}$ 增加。即 n 越大，贸易（直接投资）的作用越大，表明国家越多，就有越多的贸易（直接投资）减少冲突的动机。国外的资源越多，生产和贸易（直接投资）预期总收益中贸易（直接投资）带来的利得越大。随着贸易（直接投资）的增加，冲突获胜的利得相对于不冲突的效用就会降低，国家会越来越多地从贸易（直接投资）中获益。

从以上的模型分析可发现，贸易（直接投资）能减少国际冲突的发生，并且随着国家的增多，贸易（直接投资）对冲突的消减作用会增大。联系现实来看，全球化使更多国家融入了世界经济，扩大了国际贸易和国际直接投资，增强了贸易和直接投资的积极作用。贸易的自由化和投资的便利化能提高贸易和投资效率，使国家更乐意选择贸易和直接投资而非冲突来提高收益。

第三节 国际贸易和国际直接投资影响国际冲突的博弈模型

贸易、直接投资并非总能消减国际冲突，在国家间的经济合作中，各国不仅要享受合作带来的利益，也要承担合作的成本，因此存在着获益分配和合作成本如何分担的问题，如何分配合作利益及分担合作成本直接决定了合作能否持久地进行下去。一国从国家间的合作中获得的利益可以分为绝对获益和相对获益两种。绝对获益是指各国都能够从国家间的合作中分享到各种利益；而相对收益是指在国际合作中，由于各国大小不同、强弱不同以及在合作中的地位不同，而导致利益的分配也出现差别，有些国家可能获得较多的利益，有些国家可能获得较少的利益，各国最关心的是本国经济相对于其他国家的国际地位和力量对比，都希望自己在国际合作中能获得最大的利益。如果决策者关心的是绝对获益，两个国家实现合作要相对容易一些。如果双方决策者都要求相对获益最大化，则合作较难达成。对“相对获益”的关注实质是“均势”机制的一个内在的“安全阀”，它抹杀了合作所带来的绝对获益的积极作用，国家间的交往演化成绝对的“零和博弈”。本节将运用博弈论的方法，从相对收益的角度来分析贸易、直接投资在什么条件下可以促进国际合作、消减国际冲突。

模型的建立基于 Snidal（1991）。在 Snidal 的模型中，前提假定是进行贸易和投资的国家规模相同，相互关系对称。本书在分析两国博弈时，把国家区分为大国和小国，按不对称的博弈来分析。而在多国重复博弈时，国家规模对收益和合作的影响会随着系统内国家数目的增加而减少，因为一群小国可以组成联盟与大国形成均势，阻止大国不平等地分配利益，所以仍把国家视作对称相似的规模（Canzoneri and Henderson，1991）。此外，Snidal的模型中没有将国家对相对收益的重视程度刻画出来，本书分析了国家对相对收益重视程度会如何影响收益的折现因子，以及它与国家数目之间的关系。

单独分析国际系统中的两个国家的静态博弈，与本章第一节的假定相同，两个国家分别为 J 国和 K 国，其中 J 国为大国，K 国为小国，这个博弈其实就是一个力量不均衡的囚徒困境，两国的对外政策根据本国在博弈中的占优策略决定。J 国规模大或经济实力雄厚，在国际舞台上话语权较大，合作相对收益较多，而 K 国国家规模小或经济实力弱，对国际政治的影响力低，合作相对收益较低。如果两国都是对相对收益比较看重的国家，那么当 J 国对 K 国进行贸易或投资时，J 国的首选是希望 K 国能同样地合作，这样它能获得最大的收益，即使对方不能很好地合作，它也希望对方能建立一个制度规制自身，以便 J 国仍能维持较好的贸易或投资收益，因此 J 国对策略的偏好顺序是 $CC>CD>DC>DD$，其中 C 代表合作，D 代表背叛。K 国的偏好则不同，因为合作带给它的相对收益较低，其心理上容易产生不平衡，当它发现背叛的好处时，它便没有建立严格政策来监督贸易投资合作的激励，而是更倾向于搭 J 国的便车，因此 K 国对策略的偏好顺序是 $DC>CC>CD>DD$。两国博弈模型如图 4-4 所示，最后的占优策略是（C，D）。虽然 J 国对 K 国搭便车的行为不满，但它仍倾向于策略 D，因为这个策略使它因被背叛而受到的损失较低。

图 4-5 给出了一个实例直观说明了这个博弈情形，虽然 J 国在策略（C，D）中支付不是最高的，却是无论 K 国采取任何策略时的最优选择，因此（3，4）是占优策略的支付。而对于 K 国来说，D 就是它的最优策略。可以看出，当只有两国进行贸易投资决策时，如果两国规模不对称，而两国又都对相对收益问题比较看重，那么会导致相对收益较低的一方不愿意参与合作。

		K国 C	K国 D
J国	C	C,C	C,D
	D	D,C	D,D

图 4-4 相对收益不均的国家间博弈

		K国 C	K国 D
J国	C	4,3	3,4
	D	2,1	1,2

图 4-5 相对收益不均的国家间博弈实例

在动态博弈下，国家是相对收益最大化的追求者，将一国最后的支付效用看作两个阶段过程得到的结果（Taylor，1976；Grieco，1988）。在第一阶段，每个国家不与别国比较收益，只看本国的绝对收益，这个绝对收益的状况给判定相对收益的影响提供了一个标准。在第二阶段，每个国家将它的绝对收益与别国的绝对收益进行比较，这个比较产生了一个不同于绝对收益支付的相对收益支付。

在对称的情况下，即国家是相同的规模，相互关系对称时，相对收益可以定义为与 n 国的平均收益比较。同时，由于国家对相对收益的重视程度会影响一国对外决策，因此，需要把这个影响因素定义在方程中。根据 Motoshi（1994）的方法，将国家对相对收益的重视程度定义为 r，$0\leqslant r\leqslant 1$。于是，

$$R_j = A_j - r\sum_{i \neq j} \frac{A_i}{n} \tag{4.32}$$

其中 R_j 表示对第 j 国的相对收益，A_i 表示第 i 国的绝对收益。R_j 最大化相当于最大化本国相对于其他国家的相对收益。相对收益的概念保留了零和博弈的特征，所以 $\sum R_j = 0$。所有国家的合作没有净收益，国际政治学不考虑合作的绝对收益而只考虑重新分配。如果相对收益相等，国家倾向于获得更多绝对收益。

n 个行为国相对收益最大化的模型建立在 n 国绝对收益囚徒困境的基础上。绝对收益模型产生了收益，又由于国家考虑自己的相对收益进而引申到相对收益模型。比较两个模型给评估相对收益何种条件下促进合作、何种条件下引发冲突提供了基础。

考虑有 $n+1$ 个国家的世界，每个国家都有可能合作（进行贸易或直接投资，本节余下部分均以“合作”代替）和不合作。合作国提供给他国收益，不合作国不提供。博弈的结构为：每两个国家间是囚徒困境；在多方合作时，每个国家的状态都变好；每个国家都有不采取任何行动的单边博弈策略。随着时间的变化，国家间会进行不确定或确定轮数的重复博弈。每个国家在 n 次博弈中选择特定的策略，一国通过回应别国的策略来选择自己的行为。

考虑两个策略“无行为”（NA）和“针锋相对”（TFT）。第一种策略表示与其他行为者不进行贸易投资。两国如果都选择不进行贸易投资，则它们之间不会产生成本或收益，这导致整个博弈循环中每期收益都为零。TFT 策略是指，第一期中，国家参与合作的成本为 $-c$，收益为 b，与 n 国合作时成本为 $-nc$。在接下来的一期中，采用 TFT 策略的国家针对其他国家的策略采取相应的对策，对方若使它获益，它也使对方获益。于是，当两个采

用 TFT 策略的国家相互影响时，每个以 $-c$ 的成本提供给对方 b 的收益，导致单个国家的净收益为 $b-c$。在博弈的过程中，每个国家从双边合作中获得的总收益为

$$(b-c)+\varphi(b-c)+\varphi^2(b-c)+\varphi^3(b-c)+\cdots=\frac{(b-c)}{1-\varphi} \tag{4.33}$$

每位博弈方的折现率为 φ，$0\leqslant\varphi<1$。另外，$b>c$，只有这样国家间才会有合作。国家可选择的策略只有两种，如果选择 NA，则代表在国际无政府状态下完全没有合作。而 TFT 策略适用于在不同的情况下采取合作策略（Taylor，1976；Axelrod，1984）。TFT 策略国和 NA 策略国之间存在相互影响，在第一轮博弈中，后者接受的收益 b 是以前者的成本 $-c$ 为代价的。

对每个参与国来说，获得的整体收益是其国家不同时期收益的总和，这取决于一国自身的策略及对手的策略。比如，如果 w 个其他国家采用 TFT 策略，另外 $(n-w)$ 个国家采用 NA 策略，则每个国家对第 i 国的收益加总如表 4-1 所示。如果 i 国不合作，则它和其他的 $(n-w)$ 个不合作国家都在第一轮搭 w 个合作者的便车获得 wb 的收益而不用付出成本。由于没有国家愿意和它们再继续合作，这代表了不合作者的全部收益。这在表 4-1 中间栏的第三行可看出来。反之，如果第 i 国也进行贸易投资，则它和其他 w 个合作者建立 w 种合作关系，产生$\frac{b-c}{1-\varphi}$，如方程（4.33）所示。在第一期中它们对不合作者的合作没有回报，因此带来了额外的成本 $-(n-w)c$。它们的总支付在表 4-1 中的最后一行中标识出来。三个阶段分别为：一国第一轮从与别国的合作中获得 wb 的收益，付出成本为 $-nc$，接着，由于每个国家的折现为 φ，获得的支付是$\frac{\varphi(b-c)}{1-\varphi}$，于是 w 个国家在第一轮获得

$w\frac{\varphi(b-c)}{1-\varphi}$支付的基础上，建立 w 个合作关系。在表 4-1 中还有另两个支付，一个是当第 i 国不合作时的合作者，另一个是当第 i 国合作时的不合作者，都可以用相似的方法算出。

表 4-1　绝对收益条件下国家的支付

	第 i 国的选择 NA 策略	第 i 国的选择 TFT 策略
NA 策略国家数目	$n-w+1$	$n-w$
TFT 策略国家数目	w	$w+1$
NA 策略国家支付	$\boldsymbol{wb}$	$(w+1)b$
TFT 策略国家支付	$(w-1)b-nc+(w-1)B$	$\boldsymbol{wb-nc+wB}$

尽管此处绝对收益模型是作为建立相对收益模型的一个中间部分，但对比较在哪种情况下 i 国会采用贸易投资行为具有重要意义。假设 n 和 w 给定，i 国一定会选择如表 4-1 所示的支付。参与国 i 只有在方程（4.34）成立的情况下才会选择进行合作：

$$wb-nc+wB\geqslant wb \tag{4.34}$$

其中
$$B=\frac{\varphi(b-c)}{1-\varphi}$$

可解出
$$\varphi_a\geqslant\frac{c}{\frac{w}{n}b+\left(1-\frac{w}{n}\right)c} \tag{4.35}$$

φ_a 表示绝对收益条件下合作的贴现因子。支持绝对收益合作的最低折现率用 φ_a^* 表示。

如果所有其他国家都合作（即 $w=n$），方程（4.35）可简化为 $\varphi_a\geqslant c/b$，$\varphi_a^*=c/b$，这与合作 TFT 均衡下的囚徒困境类似。如果 $w<n$，φ_a^* 在多个参与者博弈的情况下会变高，因为无行为国在第一回合中会利用贸易投资国。对于更高的 φ_a，绝对收益模型中的合作不确定，因为每个国家都有视他国情况而动的动机，如

果有足够数量的国家参与合作，该国才会决定合作。在极端情况下，没有国家合作，即 $w=0$ 时，对于 i 国来说合作是不理性的，因为所需最低的贴现因子等于 1，即当所有的国家都选择 *NA* 策略时，博弈才达到稳定的均衡。然而，在重复博弈中没有占优策略，另一种合作均衡在方程（4.35）成立的情况下才能满足。确定性的大小影响了 *NA* 和 *TFT* 均衡的选择。

将分析从绝对收益转向相对收益，由于相对收益条件下国家的支付是两个阶段的过程得到的结果，因此把表 4-1 中的支付不看作国家最后的支付，而看作相对收益效用函数中的绝对收益投入。正如公式（4.32）中的定义，每个国家的相对收益支付取决于本国绝对支付与其他国家平均支付的比率，当第 i 国合作时，相对于合作者的支付为：

$$(wb-nc+wB)-r\left[\frac{w}{n}(wb-nc+wB)+\left(1-\frac{w}{n}\right)((w+1)b)\right]$$

可简化为

$$(wb-nc+wB)+\frac{rw}{n}\left(b+nc-wB-nb-\frac{nb}{w}\right)\qquad(4.36)$$

该支付在表 4-2 中的 *TFT* 策略国家支付中标识出来。

表 4-2　相对收益条件下国家的支付

	第 i 国的选择 *NA* 策略	第 i 国的选择 *TFT* 策略
NA 策略国家数目	$n-w+1$	$n-w$
TFT 策略国家数目	w	$w+1$
NA 策略国家支付	$\boldsymbol{(1-r)(eB-n)+(1+r)b}$	$(1-r)(wB-n)+(1+r)b$
TFT 策略国家支付	$\left(e+\frac{re}{n}-re-r\right)b+(re-n)c+e(1-re)B$	$\boldsymbol{(wb-nc+wB)+\frac{rw}{n}\left(b+nc-wB-nb-\frac{nb}{w}\right)}$

在表 4-2 中两个加粗字体的支付表示第 i 国的不同选择。其

中 $e=w-1$，比较两个值，i 国会合作的条件为：

$$(wb-nc+wB)+\frac{rw}{n}\left(b+nc-wB-nb-\frac{nb}{w}\right)\geqslant$$
$$(1-r)(eB-n)+(1+r)b \quad (4.37)$$

将 B 和 e 代入，得到

$$\varphi_r\geqslant\frac{\left(wb+2b-\frac{wb}{n}-wc+n\right)r-(wb+b+nc-n)}{\left(\frac{w^2b}{n}+\frac{w^2c}{n}-\frac{wb}{n}+2wb+b+c-2wc+n\right)r-(wb+2b+cn-c-n)}$$

(4.38)

如果所有其他国家合作（即 $w=n$），i 国在以下的条件下愿意合作：

$$\varphi_r\geqslant\frac{-(nb+b-nc+n)(1-r)-nb+nc-n+b}{-(nb-nc+c+n)(1-r)-2nc+2b} \quad (4.39)$$

φ_r 指的是相对收益模型，φ_r^* 是相对收益条件下合作的最低贴现因子。在不等式右边对 r 求一阶导数发现结果大于零，说明 φ_r 是 r 的单调递增函数，即国家对相对收益越看重，相对收益条件下合作的最低贴现因子越高，国家间合作越困难；国家对相对收益越不看重，相对收益条件下合作的最低贴现因子越低，国家间合作越容易。同样，在不等式右边对 w 求一阶导数发现结果小于零，即说明 φ_r 是 w 的单调递减函数，即参与合作的国家越多，合作的最低贴现因子越低，国家间合作越容易；参与合作的国家越少，合作的最低贴现因子越高，国家间合作越难。另外有一种极端情况，即 $w=n=1$ 时，如前文所述，当两个国家在纯粹的相对收益关系下，它们很难合作。

图 4-6 描述了稳定的相对收益均衡 φ_r^* 下合作的最小贴现因子。按照 Motoshi（1994）的设定，设 $r=0.5$，1，1.5，2，2.5。由于 φ_r^* 和 r 之间是单调递增的关系，因此可以推出 r 和 φ 之间也

是单调递增关系，r 和 n 之间是单调递减关系。图 4-6 说明相对收益对国家间的合作确实是有影响的，即随着国家对相对收益的重视程度提高，国家间合作达成一致的可能性降低。

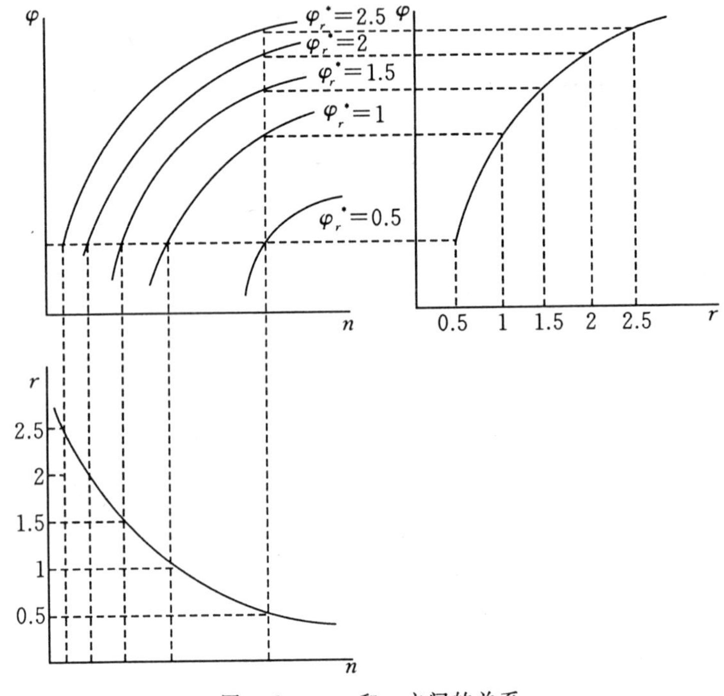

图 4-6　φ、r 和 n 之间的关系

此外，从图 4-6 可以看出，当 n 很小时相对收益的影响最大，随着 n 的增加相对收益变得越来越不重要，这说明随着系统中参与合作的国家增加，国家会趋于忽略相对收益问题。

图 4-7 中 TFT 曲线描述了所有国家都合作的状态下第 i 国合作者的支付。由于合作的支付在未来一直持续，目前的合作值以及 TFT 曲线的位置都取决于贴现因子 φ_r。假定 φ_r 严格符合方程（4.39）中的条件，合作的均衡存在于相对收益模型中，TFT 曲

线就如图 4-7 所示的形状，最大的正值为 m，NA 曲线描述了与其他合作者都不合作的国家的支付，最大的正值是 x。这个框架下根据比较两条曲线的高度可以知道不同条件下国家倾向于 TFT 策略还是 NA 策略。在图 4-7 中，采取 TFT 策略可获得的合作均衡收益比 NA 策略高，因此 i 国会倾向于采用 TFT 策略。

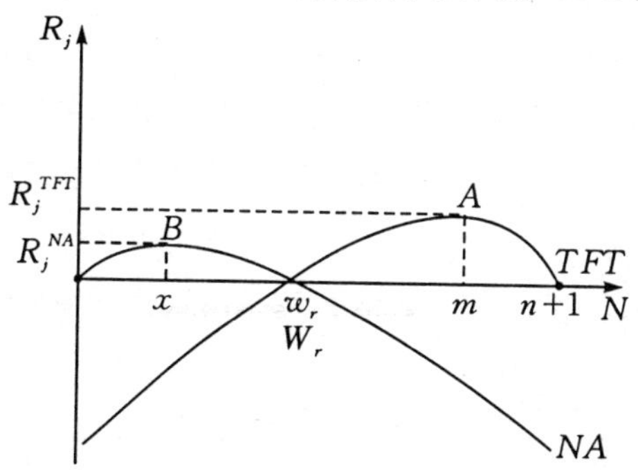

图 4-7 国家对 NA 和 TFT 的策略选择模型

其中 w_r 是 TFT 曲线与横轴的交点，它表示最小收益的合作国家数。W 个国家合作或者更多国家合作时，与当没有其他国家合作，所有国家纷纷选择不合作的情况一样（Schelling，1978）。当 TFT 和 NA 曲线在横轴相交时，相对收益的和等于零，如果 TFT 策略参与者收益为零则会变为 NA 策略参与者。如图 4-7 中所示，只要合作者数目超过 w_r，合作对每个国家都会更具吸引力。由于以上原因，定义“合作临界点”为 $W_r=w_r$。只要合作国家数目达到或超过临界点 W_r，非合作者就有转向合作的动力。在这一点之上，合作可以自我强化，越来越多的国家转向 TFT 策略直至所有国家都参与合作，合作均衡如表 4-2 中的右边加粗字母所示。相反，如果合作国家的数目在 W_r 以下，则合作的均衡变为表 4-2 中左边的均衡，即没有国家合作。这些均衡都是稳定的，因为每个参与者都有动机与大多数参与者的行为保持一致，不论大多数是合作还是不合作。

在两个参与者的确定博弈里，相对收益较大的参与者愿意参加合作的均衡，但又担心其他参与者会偏离均衡。参与国很多即n很大的情况下还是会存在这个问题，但当有了一定数目的合作者后，如果预期合作者的数目超过W_r，国家选择合作。另外，如果有的国家在第一回合中不合作，则当最初合作者数目超过W_r时该国在第二回合中有转向合作的激励。多边体制减小了不确定的问题，因为一个国家的偏离不会造成巨大的破坏性。参与国数目众多有效地减少了单个参与者背离的风险，国家数目很少时，相对收益会因不确定性而引起一系列问题，而这些风险可随着国家数目的增加而减少。

综上分析可见，在经济全球化和贸易、投资自由化的体制下，国际贸易和国际直接投资的相对收益问题并不会对国际合作造成过大影响，引起国际冲突的可能性非常小。因此，国际贸易和国际直接投资对国际冲突的消减作用远远超过了其引发作用。

本章小结

本章用微观经济学的理论模型说明了国际贸易、国际直接投资对国际冲突的影响。在两国状态下，贸易和直接投资影响国际冲突的机制不尽相同，因此在分析两国模型时将国际贸易和国际直接投资分开讨论。不过分析的基本前提都是国家以经济利益最大化为根本目标。多国模型中采用的是成本—收益分析，说明了二者减少国际冲突的影响。模型分析的原理在于：国家都是经济利益最大化者，国家之所以甘愿冒国际冲突升级的风险，是为了在不断升级的国际冲突中获取更大的利益。如果贸易和直接投资可以与发起冲突一样获取资源，则国家发起冲突的动机减小。如果两国间贸易和直接投资进展良好，使双边都获得了巨大的贸易和投资利益，国家若发起冲突会面临中断贸易投资带来的损失，于是两国也不会愿意轻易发生冲突。在博弈论的分析中，主要阐明的是国际贸易和国际直接投资是否会因其存在的相对收益问题而破坏国际关系，国际贸易和国际直接投资对国际冲突的净效应到底是引发还是消减。分析的结论是：在经济全球化和贸易、投资自由化的体制下，国际贸易和国际直接投资的相对收益问题并不会对国际合作造成过大影响，引起国际冲突的可能性非常小。因此，国际贸易和国际直接投资对国际冲突的消减作用远远超过了其引发作用。

第五章　国际贸易和国际直接投资影响国际冲突的实证检验

第一节　国际贸易影响国际冲突的实证检验

一、研究数据和设计

本节实证选用20世纪90年代亚洲国家间的面板数据做检验，是具有理论依据的。首先，从数据的可获得性来说，因为哈佛大学政策研究中心开发的冲突与合作数据可获得的年份只有1991—2004年，而宾夕法尼亚州立大学研究开发的民主数据能获得的最晚年份是2000年，每个变量可获得的数据取交集只能到2000年。其次，1991—2000年这个时期具有代表性，“冷战”结束后，国际格局发生变化，国际关系的形势呈现新特点，样本数据代表了发生重大转折后的国际经济和政治形势。其次，从数据的可操作性来说，单是1991—2000年的全球国家的冲突与合作数据就有370万个，在普通计算机上无法顺利运行，只能提取一部分国家作为代表。而亚洲国家的情况复杂多样，它既包括了发达国家，又包括了发展中国家；既包括了大国，又包括了小国；既包括了独裁国家，又包括了民主国家，用它做样本具有一定的代表性。并且该区域的数据包括了中国，使得该理论研究对中国的政策制定更有意义。

（一）研究数据

1. 国际贸易及国际冲突数据

贸易数据选用的是 Gleditsch 研发的数据（Gleditsch，2002），从中提取亚洲国家 1991—2000 年双边贸易量。将每年发起国对目标国的进口量加上出口量得到每年双边贸易总额。

冲突数据选用的是哈佛大学政策研究中心开发的实际研究合作（Virtual Research Associate，简称 VRA）数据。它们是用计算机程序根据新闻报道的第一句导出的，从这些句子中，哈佛大学政策研究中心计算出行动者、目标和行为（King and Lowe，2003）。根据数据的可获得性，本书选取 1991—2000 年作为研究时间段。本研究首先在 1991—2000 年 370 万全球双边事件中删掉国内的事件，留下 45 万个国际事件的观察值，再从中选出亚洲的事件。事件用“事件分析的综合数据”（Integrated Data for Events Analysis，简称 IDEA）编号。Goldstein 提出了一个参照标准，可将事件与具体分值匹配起来（Goldstein，1992）①。从 Goldstein 的事件对应值的表中可看出，负值表示冲突，正值表示合作，零表示自然灾害和中性的社会活动。最大的数值中最低的负值是－10，表示最激烈的冲突，冲突事件的绝对值减少表示冲突降低，最高的正值是 8.3，表示最高层次的合作。将每组国家按年算出所有事件的权重，获得每年双边事件的整体冲突合作

① 参见第一章第三节的事件对应值表。

值。由于冲突和合作采用不同的符号表示，因此如果权重为正，表示双边存在净合作，如果权重为负，表示双边存在净冲突。

在以往的许多研究中，学者们通常采用 COW3.0 版本中的冲突数据①。但冲突数据是不包括合作值的，只表示每年发起国与目标国之间新发生的冲突，因此这个数据有较强的局限性。本书采用 VRA 数据有两个原因：第一，用包含了冲突与合作的数据，可以避免将数据局限在冲突的范围内而可能会导致的错误结论；第二，国家间关系由冲突和合作组成，这些数据更全面地包含了各种类型的冲突与合作关系。相互影响理论认为，贸易会增加贸易伙伴之间的相互作用，这些相互作用既包含了合作也包含了冲突（Waltz，1979），因而使用 VRA 数据更合理。

2. 影响国际冲突的其他控制变量

（1）距离

许多学者认为，距离因素会影响国家间冲突，邻近的国家更容易发生冲突（Barbieri，1996；Bremer，1992；Diehl，1985；Goertz and Diehl，1992；Gleditsch，1995；Gochman，1991；Oneal et al.，1996；Polachek et al.，2006），因为随着距离的增大，冲突的成本增加。有些学者的观点是，距离会减少合作，间接地增加冲突（Anderson，1979；Arad and Seev，1981；Deardorff，1984；Gowa，1994；Tinbergen，1962；Polachek et al.，1999）。在表示距离的参数中，有“同一区域”、“直接邻近程度”、“政治相关度”、“殖民地邻近程度”、“直接距离”等几种测量方式，本书中采用的是“直接距离”，表示事件发起国和事件目标国之间的地理距离②，该值只随国家变化不随时间变化。

① 参见宾夕法尼亚州立大学开发的 Correlates of War 数据库。

② 参见宾夕法尼亚州立大学和达特茅斯学院联合开发的 EUGene（Expected Utility Generation and Data Management Program）项目。

（2）联盟

Maoz的研究表明，无论是战略联盟、贸易联盟还是政府间组织，都可以减少冲突（Maoz，2006）。当然，也有学者持相反意见，Burt和Talmud（1993）认为，国家间形成联盟后，相同或相似的贸易模式会加剧同一市场上的竞争，从而成为冲突的导火索。本书里采用的联盟数据来自COW3.0版本中的数据，用四个值代表四种状态，分别为："1"表示两国间有防务协定；"2"表示两国武装中立；"3"表示两国间有协约；"4"表示两国间没有协定。其中最高级的是防务协定，最低级的是没有协定。本书中沿袭Polachek，Seiglie和Xiang的方法采用滞后一期的联盟数据作为变量（Polachek et al.，2005）。

（3）国家规模

Polachek指出，冲突发生的可能性会因国家规模的大小而不同，发起国和目标国的规模都会影响冲突发生的可能（Polachek，1999）。Hegre认为，国家规模有经济、政治和军事含义，国家的规模决定了其资源，一国的相对规模对其战略选择有着经济和军事的影响（Hegre，2000）。国家相对较小，一方面难以从本国获取产品和资源，对国外资源的需求更强烈；另一方面小国的国内市场比较小，容易饱和，如果生产能力相对较强，则其产品需要出口到国外市场。因此小国在贸易战略和冲突战略中很难抉择。而就相对规模较大的国家来说，发生冲突的成本相对整个国家来说很小。因而国家规模越大，越容易发生冲突。但国家规模大，相应的合作也会增加，故从冲突合作的总量水平来讲，规模相对较大的国家净合作还是会更多。由于国家规模的大小难以用绝对标准判定，因此本书中用人口数目表示国家规模的大小。

(4) 经济发展水平的差距

根据 Rosecrance (1999) 和 Hegre (2000) 的观点，经济发展水平高的国家经济多样化程度高，那么它去占领一个只有单一资源的国家可能性比较小，也不太愿意因某些资源与其他国家发生冲突[①]。但是 Organski 和 Kugler 持有不同看法，他们认为经济发展水平高的国家可能希望争夺国际格局中的霸权地位，从而导致与他国冲突的发生（Organski and Kugler，1980）。本书用人均 GDP 表示经济发展水平，变量为发起国人均 GDP 和目标国人均 GDP 的差额——因为在双边关系中，两国经济发展水平的相对大小表示了权力是否均衡，会影响国家对外战略的选择，因此会影响冲突发生的可能性，采用的是 Gleditsch 研究中的数据（Gleditsch，2002）。

(5) 民主程度的差距

许多学者的研究认为国家民主程度与冲突发起可能性存在关联，越民主的国家发生冲突的可能性越小（Mesquita et al.，1999；Doyle，1997；Maoz and Russett，1993）。Mansfield 和 Snyder 认为成熟的自由民主制国家之间的确不会发生冲突，但那些正在进行民主转型的国家最容易卷入冲突。他们发现正在民主化的国家比稳定的民主国家、独裁国家以及正在独裁化的国家都更易发生冲突（Mansfield and Snyder，2002）。但现实主义学派对此提出许多反驳意见，比如 Müller 和 Wolff (2004) 注意到某些民主国家对于其他非民主国家的敌意极大。本书选取的变量是双边国家民主程度的差距，数据来源于“政体 4”数据库[②]。民主程

① 一些战略性资源除外，比如石油。

② 参见全球政策中心开发的“Polity Ⅳ Project”。

度分为0到10这11个等级，数值从低到高表示民主程度从低到高。在EUGene（Expected Utility Generation and Data Management Program）的输出结果中，－66表示政权中断，可将其视为缺失数据；－77表示政权空缺，可将其视为“0”值；－88表示政权转换，紧接在－66和－77之后的－88，可视为“0”值，若不是在－66和－77之后，则视为缺失数据。

3. 影响国际贸易的控制变量

国际冲突会减少甚至中断国际贸易，因为国际冲突会影响一国的市场结构、消费能力及付款方式的安全性，严重时两国会断绝往来，中止双边贸易。此外，根据引力模型，两国间距离会影响国际贸易。国家经济发展水平、人口规模、贸易开放度、前期贸易状况也会对国际贸易造成影响。这些数据均由EUGene软件导出并计算整理。

（二）研究设计

根据国际政治经济学理论，政治环境与要素流动性有着紧密的关系（Jeffrey，2006）。国际冲突会影响贸易的风险和环境，因而对贸易也会产生影响（Anderton and Carter，2001）。动荡的国家实行各种管制，比如限制汇款，许多付款方式变得不可靠，契约的可信度降低，交易缺乏保障，因此一国不愿意选择与有冲突的国家进行贸易。根据前面的理论分析可知贸易对国际冲突也会产生影响，所以国际贸易与国际冲突及合作之间存在相互影响。

Reuveny和Kang（2003）考察了贸易对国际冲突的影响，他们取10对国家按截面分析，先检验冲突对贸易的影响，再检验贸易对冲突的影响，但这样做的不足之处在于，将贸易和冲突分开考察其对对方的影响，模型会存在内生性问题，并且由于只取10对国家考察，样本国家太少，结论不具有普适性。Gartzke和

Li（2003）用离散因变量模型研究了贸易对国际冲突的影响，虽然他们用了不同的控制变量试验影响国际冲突的因素，但模型同样存在内生性问题。在 Mansfield（1994）、Barbieri（1997）、Oneal 和 Russett（1999）、Kim（2002）的模型中都有同样的缺陷。本书中用联立方程组模型对贸易和国际冲突进行估计，可以消除二者相互影响产生的内生性，另外本书采用的是面板数据，选取的国家数目更多，国家之间的经济发展水平和规模都差距较大，具有一定的代表性。在变量的选择上，本书也与以往的研究不尽相同，都根据理论重新进行了筛选。

据此国际贸易和国际冲突的关系可以用联立方程组模型表示如下：

$$Total=\beta_{10}+\beta_{11}\log(trade)+\gamma_{11}alliance_{t-1}+\gamma_{12}distance+\gamma_{13}demogap+\gamma_{14}\log(pop1)+\gamma_{15}\log(pop2)+\gamma_{16}\log(gdppcgap)+\gamma_{17}Total_{t-1}+\gamma_{18}Total_{t-2}+u_1 \quad (5.1)$$

$$Log(trade)=\beta_{20}+\beta_{21}Total+\gamma_{21}distance+\gamma_{22}\log(pop1)+\gamma_{23}\log(pop2)+\gamma_{24}\log(gdppc1)+\gamma_{25}\log(gdppc2)+\gamma_{26}open1+\gamma_{27}open2+\gamma_{28}trade_{t-1}+\gamma_{29}trade_{t-2}+u_2 \quad (5.2)$$

其中 $Total$ 表示冲突与合作的加总值，值为正时表示是净合作。$trade$ 表示发起国与目标国间的进出口贸易总额，$alliance_{t-1}$ 表示前一期发起国与目标国之间的联盟状态，$distance$ 表示发起国与目标国之间的地理距离，$demogap$ 代表发起国和目标国民主程度的差距，$pop1$ 和 $pop2$ 分别代表发起国和目标国的人口数目，$gdppc1$ 和 $gdppc2$ 分别代表发起国和目标国的人均 GDP，$gdppcgap$ 代表发起国和目标国人均 GDP 的差额，$Total_{t-1}$ 和 $Total_{t-2}$ 分别表示上一期和上两期的冲突合作状况，$trade_{t-1}$ 和 $trade_{t-2}$ 分别表示上一期和上两期的贸易额，$open1$ 和 $open2$ 表示两国的贸易开放度，用贸易额分别除以两国的 GDP 后得到，u_1、u_2 为随机干扰项。

本书使用 Stata 9.0 软件分析亚洲国家 1991—2000 年的面板数据。亚洲国家 1991—2000 年一共有 7579 个观察值，将国家两两分组，当发起国相同时编为一个截面，得到 903 个截面，但只有部分截面有冲突和合作的权重值。从中选出具有年度权重值的截面，得到 648 个观察值。这些冲突合作数据中已剔除了由于宗教、意识形态及民族主义等问题产生极端敌对关系的国家间的数据。

二、实证结果及分析

用三阶段最小二乘法对模型进行估计更为有效，估计结果如表 5-1 所示。

从估计结果可以看出，贸易对国际冲突及合作的影响显著，贸易与国际合作呈正相关关系，即与国际冲突呈负相关关系，两国间贸易的自然对数增加 1 个单位时，净合作增加 0.406 个单位，或是净冲突减少 0.406 单位。这说明贸易在 1991—2000 年期间的确能促进亚洲国家间的净合作或者减少亚洲国家间的净冲突，两国之间如果倾向于选择贸易战略则不会轻易选择发生冲突。如果两个国家之间贸易增长多，经贸关系呈良好发展态势，可促进双方信息交换和沟通，不至使误会或利益不均发展成为冲突。冲突因贸易而增加了其机会成本，国家不愿以牺牲贸易利益为代价爆发冲突。

此外，计量检验结果显示还有以下几点因素会影响国际冲突：第一，两国间的距离越近，净冲突越少。虽然距离近的国家冲突多，距离远的国家冲突少，但随着距离的增加，两国间的合作减少得更多，因此净合作变少，该理论和 Robst，Polachek 和 Chang（2006）相同，贸易的影响会随着地理距离的改变而改变。当双方距离近时，贸易减少冲突的作用大些。因为临近的国家贸易利得大，中断贸易的成本高。第二，两国间民主程度的差距越大，则双边合作越少，双边冲突越多。这与以往许多学者们的研究结论相一致。民主程度相近的国家，会相对友善，由于民主程度接近，非民主的国家和民主国家都不会以推行独裁或推广民主为理由向对方宣战。第三，发起国国家规模越大，越愿意与别国合作而不是发生冲突。国家规模越大，获取利益的方式越多，发起冲突的预期收益便不高，因此它会倾向于寻求合作。第四，前期的国际冲突越少，则本期国际冲突越少。如果两国在前一至两年有冲突或合作，则会产生路径依赖，在接下来的一到两年内也会保持敌对或继续合作。

表 5-1 国际贸易与国际冲突关系的 3SLS 估计

自变量	因变量	
	Total	log（*trade*）
constant	−11.851** (4.834)	−28.104*** (1.326)
log（*trade*）	0.406** (0.179)	
$alliance_{t-1}$	0.869 (0.623)	
distance	−0.0004* (0.0002)	−0.0002*** (0.00004)
demogap	−0.154* (0.085)	

续表

自变量	因变量	
	Total	log（*trade*）
log（*pop*1）	0.517** (0.203)	0.624*** (0.042)
log（*pop*2）	0.224 (0.208)	0.572*** (0.036)
log（*gdppcgap*）	0.204 (0.231)	
$Total_{t-1}$	0.133*** (0.039)	
$Total_{t-2}$	0.118*** (0.038)	
Total		0.065* (0.035)
log（*gdppc*1）		1.302*** (0.077)
log（*gdppc*2）		1.211*** (0.057)
*open*1		14648.7*** (3115.136)
*open*2		8065.973*** (1436.28)
$trade_{t-1}$		5.72*e*−06 (6.86*e*−06)
$trade_{t-1}$		−7.07*e*−06 (6.73*e*−06)
R^2	0.106	0.790
N	648	648

注：***、**、*分别表示在1%、5%、10%的水平上显著，括号中为标准差。

还有几个因素对国际冲突影响不显著。第一，联盟对国际冲突及合作的影响不显著。这与许多文献中认为联盟会显著减少冲突促进合作的观点不符。但观察数据可以发现，在648个观察值中，有617个观察值的联盟值都为“4”，即两国间没有协定，只有8个观察值为“1”，即中国和朝鲜间有防务协定。由于亚洲国家相互之间的防务协定非常少，因此对国际冲突及合作的影响不显著。第二，两国经济发展水平的差距对双边的冲突和合作并没有明显影响。亚洲逐渐在扩大和深化能源、交通、电子、金融等方面的区域和次区域合作，这些合作多由一个国家牵头然后多个国家参与，并不视国家的经济发展水平而定，因此，经济发展水平的差距没有显著影响到双边的冲突及合作。第三，目标国的国家规模对国际冲突及合作的影响不显著，这说明当一国发起冲突或寻求合作时，并不会过多顾及对方国家规模的大小。这可能是因为亚洲国家多数是发展中国家，国家规模的大小不能决定其军事、经济、政治实力的大小，即便国家规模大也缺乏威慑性。

第二节 国际直接投资影响国际冲突的实证检验

一、研究数据和设计

为证明本书研究的结论具有普适性，在本节的实证中采用与第一节不同的样本数据，使用的是1991—2000年经济合作与发展组织（Organization for Economic Cooperation and Development，简称OECD）中27个国家再加上中国和新加坡的数据。选这一部分国家的数据做实证检验的依据在于，可获得的双边直接投资数据只有 OECD 国家和极少数非 OECD 国家，并且其中还有部分国家的数据大量缺失，本节只能选用数据较完整的国家作为样本。此外，其他变量数据可获得的年份取交集只有 1991—2000 年，因此选用这个时间段作为研究对象。

（一）研究数据

1. 国际直接投资及冲突数据

国际直接投资数据来自 Source OECD 数据库中的国际直接投资数据库（International Direct Investment Database）。从中选出 OECD 中 27 个国家再加上中国、新加坡一共 29 个国家双边的直接投资数据。本书沿用 Polachek 等人（Polachek et al.，2005，2006）、Lee（2005）的方法，用 FDI 的流入量代表国际直接投资量。

冲突数据同上一节国际贸易对国际冲突的实证中一样，选用的是实际研究合作即 VRA 数据。

2. 影响国际冲突的其他控制变量

同上一节国际贸易对国际冲突的实证一样，选取了距离、联盟、国家规模、经济发展水平的差距、民主程度的差距这几个变量。

3. 影响国际直接投资的控制变量

许多研究都认为国际冲突会减少国际直接投资，因为国际冲突会影响投资环境，降低投资者的预期收益从而影响投资者信心（Fielding，2004；Schneider and Frey，1985；Enders and Sandler，1996）。此外，国家经济发展水平、人口规模、公共设施水平、人口受教育程度、国内资本等因素也会对国际直接投资造成影响。其中，经济发展水平和人口规模数据来自 EUGene。公共设施水平用一国的电话使用率代表，人口受教育程度用一国中学入学率代表，国内资本用资本总形成代表，这三个变量的数据都来自联合国统计司。

（二）研究设计

根据英国经济学家邓宁（Dunning，J. H.）的国际生产折衷理论（the Eclectic Theory of International Production）（Dunning，1992)，决定企业开展对外直接投资与否的因素是“三优势模式”，即“OIL Paradigm”。“O”是所有权特定优势（Ownership Specific Advantages)，也称为竞争性优势或垄断优势。“I”指内部优化（Internalization Specific Advantages），也称共同管理优势（Common Governance Advantages）。“L”指区位优势（Location Specific Advantages)，它指那些对任何规模、任何国籍的厂商都适用，只与特定地区有关而且必须在这些地区才可以利用的因素。区位优势主要包括三个方面：一是要素禀赋。一国低廉的劳动力成本和其他要素的比较优势都有可能为在本国经营的企业带来优势。二是政府政策的影响。一国的税收政策、外汇管理体制、有关外商投资企业的法律规定等都有可能降低企业的运营成本或为企业提供所需的信息及渠道。三是社会文化环境。一国开放和稳定的社会文化环境也有利于吸引外国直接投资。如果一国发生冲突，则该国的政府政策也会随之变化，并且社会文化环境也会不稳定，由此可见，国际直接投资受到国际冲突的影响。同时，从前几章的分析可知，国际冲突受到国际直接投资的影响，因此，二者存在相互影响。

Margit 和 Hans（2004）用 1980—2000 年 2086 个观察值检验了当经济相互依赖表现为国际直接投资形式时对国际冲突的影响，但他们采用的方法是普通最小二乘法，这使模型存在内生性问题。Lee（2005）选取1970—2000年70930个双边事件用离散因变量模型估计了FDI对国际冲突的影响，但他的模型同样也存在内生性问题。Polachek等人用FDI的数据、VRA数据以及与战争有关数据库（Correlates of War 2）的数据做实证研究，他们采用的是联立方程组的方法，这种方法克服了内生性。但在Polachek等人的实证变量选取中，他们没有考虑国家规模的因素，同时他们用GDP表示经济发展水平，而事实上，GDP在不同国家间是不具有可比性的，只有人均GDP才与各国经济发展水平更为贴近。另外，他们没有考虑到前期的冲突合作对本期冲突合作的影响。本书修正了模型的控制变量。

国际直接投资与国际冲突及合作之间存在相互影响，用联立方程组模型对国际直接投资和国际冲突进行估计，可以消除二者相互影响产生的内生性。据此它们的关系可以用联立方程组模型表示如下：

$$Total = \beta_{10} + \beta_{11}\log(inflows) + \gamma_{11} alliance_{t-1} + \gamma_{12} distance + \gamma_{13} demogap + \gamma_{14}\log(pop1) + \gamma_{15}\log(pop2) + \gamma_{16}\log(gdppcgap) + \gamma_{17} Total_{t-1} + \gamma_{18} Total_{t-2} + u_1 \quad (5.3)$$

$$Log(inflows) = \beta_{20} + \beta_{21} Total + \gamma_{21}\log(popgap) + \gamma_{22}\log(gdp1) + \gamma_{23}\log(gdp2) + \gamma_{24} telephone1 + \gamma_{25} telephone2 + \gamma_{26}\log(capital1) + \gamma_{27}\log(capital2) + \gamma_{28} secondary1 + \gamma_{29} secondary2 + \gamma_{30} inflows_{t-1} + \gamma_{31} inflows_{t-2} + u_2 \quad (5.4)$$

其中 *Total* 表示冲突与合作的加总值，值为正时表示是净合作。*inflows* 表示发起国对目标国的直接投资，$alliance_{t-1}$ 表示前一期发起国与目标国之间的联盟状态，*distance* 表示发起国与目标国之间的地理距离，*demogap* 代表发起国和目标国民主程度的差距，*pop*1 和 *pop*2 分别代表发起国和目标国的人口数目，*popgap* 代表两国的人口数目差距，*gdp*1 和 *gdp*2 分别代表发起国和目标国的 GDP，*gdppcgap* 代表发起国和目标国人均 GDP 的差额，$Total_{t-1}$和 $Total_{t-2}$分别表示上一期和上两期的冲突合作状况，$inflows_{t-1}$和 $inflows_{t-2}$分别表示上一期和上两期的长期投资资本流入量，*telephone*1 和 *telephone*2 表示两国的每一百人中电话使用率，*capital*1 和 *capital*2 表示两国的资本总形成，*secondary*1 和 *secondary*2 表示两国的中学入学率，u_1、u_2 为随机干扰项。

本书使用 Stata 9.0 软件分析 OECD 中 27 个国家加上中国、新加坡共 29 个国家 1991—2000 年的面板数据，这 29 个国家 1991—2000 年具有冲突和合作权重值的观察值一共有 144 个。这些冲突合作数据中已剔除了由于宗教、意识形态及民族主义等问题而产生极端敌对关系的国家间的数据。

二、实证结果及分析

用三阶段最小二乘法对模型进行估计更为有效，估计结果如表 5-2 所示。

从估计结果中可以看出，国际直接投资对国际冲突及合作的影响十分显著。国际直接投资对国际冲突有负影响，即两国间直接投资的自然对数增加 1 个单位时，净冲突减少 1.373 个单位，或是净合作增加 1.373 个单位。这说明国际直接投资在 1991—2000 年期间的确能促进这些国家间的净合作或者减少净冲突，两国之间如果直接投资增加则不会轻易选择发生冲突。FDI 对投资国和东道国都有利：一方面，对外直接投资可促进投资国产业结构优化，提高投资国技术创新能力。同时，跨国公司直接投资可避开东道国的贸易壁垒，加速投资国经济扩张。由于跨国公司对投资国经济具有重要作用，因此它可以影响投资国政策的制定。另一方面，跨国公司的国际直接投资给东道国带来了最先进的技术、管理方法以及大量的研发投入，国际直接投资的外溢效应使得东道国受益。跨国公司给员工提供培训，提高员工的生产效率，当员工跳槽时对本地企业也是有利的。除了这些溢出外，跨国公司能以低价给东道国提供一些中间投入，并从当地厂商进货。跨国公司的企业税对东道国的财政收入也作出了贡献。FDI对东道国国民经济的作用使跨国公司潜在地对东道国政府政策产生影响。如果跨国公司的投资国或东道国的政府发起冲突，使得直接投资减少，许多利得会受损。而且国际直接投资比国际贸易的影响更深远，一旦做了投资，跨国公司就不能轻易抽回投资，国家间发生冲突所造成的损失会持续很长时间。为了保护这些利得减少损失，双方的政府都会减少冲突增加合作。跨国公司会利用它们的力量促进双方政府，或至少投资国政府采取合作而非对抗的政策。而东道国政府为了表示出对 FDI 的友好以便吸引更多他国的投资，也会采取合作策略。所以，国家间合作的关系增强，冲突减弱。

表 5-2 国际直接投资与国际冲突关系的 3SLS 估计

自变量	因变量	
	Total	log（*inflows*）
constant	−29.839* (17.170)	−0.100 (7.712)
log（*inflows*）	1.373*** (0.521)	

续表

自变量	因变量	
	Total	log（*inflows*）
$alliance_{t-1}$	−0.597 (2.493)	
distance	−0.0006 (0.0005)	
demogap	0.415 (0.574)	
log（*pop*1）	2.794** (1.105)	
log（*pop*2）	1.838* (1.036)	
log（*gdppcgap*）	−2.617** (1.302)	
$Total_{t-1}$	0.529*** (0.079)	
$Total_{t-2}$	0.153* (0.079)	
Total		0.059*** (0.014)
log（*popgap*）		−0.250 (0.221)
log（*gdp*1）		0.951*** (0.279)
log（*gdp*2）		0.405* (0.213)

续表

自变量	因变量	
	Total	log（*trade*）
*telephone*1		0.003 (0.010)
*telephone*2		0.030*** (0.007)
log（*capital*1）		−0.862*** (0.143)
log（*capital*2）		−0.105 (0.088)
*secondary*1		0.014 (0.014)
*secondary*2		0.019** (0.008)
$inflows_{t-1}$		−0.00007** (0.00003)
$inflows_{t-2}$		−0.00003 (0.00003)
R^2	0.672	0.531
N	144	144

注：***、**、*分别表示在1%、5%、10%的水平上显著，括号中为标准差。

此外，两国的国家规模、经济发展水平的差距及上两期的冲突合作状况会对本期国际冲突产生显著影响。但距离、联盟程度、民主程度的差距对 1991—2000 年这 29 个国家间冲突和合作的影响不显著。

第三节　国际贸易和国际直接投资对国际冲突的共同影响

一、单位根检验和 VAR 模型

国际贸易和国际直接投资都具有消减国际冲突的效应，然而两者对国际冲突的消减作用大小却不同，需要进一步探讨。另外从第三章的分析中可知，国际贸易和国际直接投资之间的关系不确定，有时是互补关系，相互促进，有时是替代关系，相互抵消。因此，它们对国际冲突的消减作用也不确定。本节采用 OECD 中 27 个国家加上中国、新加坡 1991—2000 年的数据来检验国际贸易、国际直接投资和国际冲突这三者之间的关系。研究国际贸易和国际直接投资共同影响国际冲突的文献非常少，用实证方法检验的更是几近空白。Polachek 等人（2005）曾尝试对此进行研究，他们建立单方程将贸易和直接投资同时作为控制变量放入方程并用最小二乘法回归。但是，由于贸易和直接投资有较高相关性，这种方法的缺陷是存在多重共线性。因此，本书尝试做向量自回归模型，再用广义脉冲响应和方差分解的方法对国际贸易、国际直接投资、国际冲突合作三者之间的关系进行考察，使用的软件是 Eviews 5.0。

对冲突合作值、国际贸易量、国际直接投资量三个变量分别进行 LLC（Levin，Lin and Chu * t）检验、IP 和 SW（Im，

Pesaran and Shin W-stat）检验、PP（PP-Fisher Chi-square）检验。冲突合作值、国际贸易量、国际直接投资量经三种方法检验，其结果都在1%的显著水平上表现出没有单位根，说明这三个序列都是平稳的。检验结果如表5-3所示。

由于国际冲突与合作、国际贸易、国际直接投资这三个变量都是平稳的，可用这三个变量做VAR即向量自回归（Vector Autoregression）模型，这是一种非结构化的模型。传统的结构化模型在处理具有动态特性的变量的时候，需要有具体的具有经济理论背景的模型，但是对于有些理论，现有条件下还无法用一个准确的结构化的模型构造出来，因而传统的结构化模型存在缺陷。而非结构化模型就是为了解决这种缺陷而产生的，这种模型最大的优点是让数据自身来确定模型的动态结构，模型避开了结构建模方法中需要对系统中每个变量关于所有内生变量滞后值函数的建模问题。

表5-3　国际贸易、国际直接投资和国际冲突的单位根检验

变量	检验值		
	LLC检验	IP和SW检验	PP检验
冲突合作值	4.7499***	4.4307***	300.269***
国际贸易	−37.8172***	−4.9321***	1277.22***
国际直接投资	−71.8828***	−5.3021***	911.542***

注：*** 表示在1%的水平上显著。

二、广义脉冲响应函数分析

建立了VAR模型后，做广义脉冲响应函数以找出国际贸易、国际直接投资和国际冲突这三个变量相互之间的影响。扰动项的最初影响将在整个模型里扩散，引起模型所有变量更大的变化，因为被影响了的变量同时又会通过第一个公式引起变量的更大的变化。广义脉冲响应函数就是试图描述这些影响的轨迹，用于衡量来自随机扰动项一个标准差冲击对内生变量当前和未来取值的影响。如果误差项是相关的，则误差项之间就会存在一个共同的组成部分，而不只影响一个变量。当出现这种情况的时候，通常把这个共同部分的影响全部归因于第一个变量。这种处理方法相对于脉冲响应还有一个好处就是，脉冲响应取决于模型中方程的先后次序，而广义脉冲响应不受方程先后次序的影响。

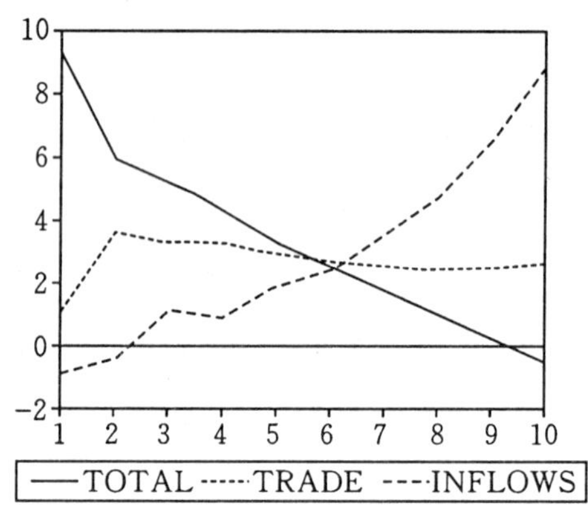

图 5-1 国际冲突和合作对自身一个标准差新息的响应

由图 5-1 可知，冲突合作值（TOTAL）对其自身的一个标准差新息立刻有较强反应，合作减少了约 3。它自身影响的时间较长，到第九期后逐步消失。该序列对来自国际贸易的新息也做出了较强反应，到第二期时就使合作迅速增加了 3.5，以后略有下降，维持在 3 这个水平。这说明国际冲突受到国际贸易的影响很迅速，两国一进行贸易则冲突可以立刻减少，合作迅速增加，但这种影响的后期效应并不强劲，即从长期来看，国际贸易对国际冲突与合作的影响有限。而该序列对来自国际直接投资新息的反应在第一期时为负，但在逐渐增加，到第二期后反应为正且继续逐步增加，在第四期时略有下降，但在第四期后显著增加。这说明国际直接投资发挥消减冲突的作用有一个时滞，在直接投资实施的最初阶段是引起冲突的，但冲突在逐步减少，两国关系向合作的方向发展，这与我们通常的认知相符。由于直接投资需要投资国到东道国投资，它比贸易更需要资金、设备、劳动力的支持，所以最初东道国和投资国之间有一个磨合期，在许多方面会存在不一致的意见，比如建厂房、购买设备、招聘员工等，待到两国渡过磨合期，矛盾都初步解决，运行步入正轨，直接投资才开始发挥它消减冲突促进合作的作用。总体看来，国际贸易对国际冲突与合作的影响在最初反应迅速，但在后期，国际直接投资促进国际合作、消减国际冲突的作用更明显。这与 Polachek 等人的估计一致（Polachek et al.，2005），国际直接投资逐渐体现出对东道国和投资国的好处，使双方都难以割舍这份诱人的利益，并且相对于贸易容易更换贸易伙伴而言，直接投资不易迅速更换投资地点，由于撤资困难，国家间发起冲突的成本更高，因此直接投资消减冲突的效果更好。

可分别分析国际冲突与合作对国际贸易和国际直接投资的响应。选择组图（multiple graphs）同时计算响应函数标准误差。图 5-2 反映了国际冲突与合作对国际贸易一个标准差的响应，图 5-3 反映了国际冲突和合作对国际直接投资一个标准差的响应，图像两侧给出响应函数值加和减两倍标准差的置信带。比较两个图可看出，国际冲突与合作对来自国际直接投资的标准差新息的反应比对来自国际贸易的标准差新息的反应更强烈。

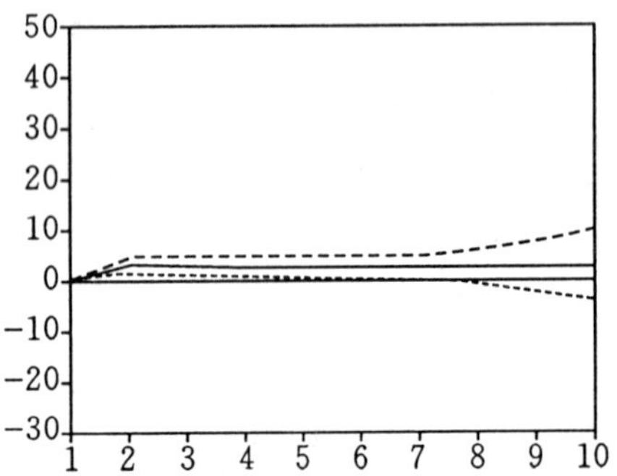

图 5-2 国际冲突和合作对国际贸易一个标准差的响应

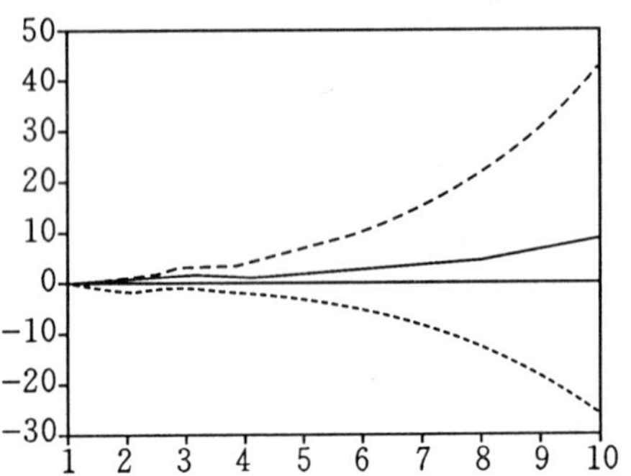

图 5-3 国际冲突和合作对国际直接投资一个标准差的响应

三、方差分解分析

另一种研究 VAR 模型动态特性的方法就是方差分解法。其主要思想是，把系统中每个内生变量的波动按其成因分解为与各个方程随机扰动项相关联的各个组成部分，从而了解各个随机扰动项对模型内生变量的相对重要性。广义脉冲响应函数（Generalized Impulse Response Function）和方差分解（Variance Decomposition）两种方法都是对波动的处理。广义脉冲响应函数解释的是一个变量发生一个标准差单位的波动会引起其他变量如何变动。而方差分解是反映一个变量的方差可以由其他变量的方差解释的情况，或者说一种变量对其他变量方差的贡献程度。这种标准差和方差反映的都是一种波动，表明的是未预期到的一种变化。

表 5-4　国际冲突的蒙特卡洛方差分解结果

期数	标准差	国际冲突	国际贸易	国际直接投资
1	9.418533	100.0000	0.000000	0.000000
2	11.55805	93.21762	6.782268	0.000115
3	13.08193	88.87298	9.858753	1.268266
4	14.10626	85.95950	12.30149	1.739016
5	14.86300	82.39545	14.02655	3.577998
6	15.47950	78.80534	15.32521	5.869453
7	16.14545	73.65573	16.15187	10.19240
8	16.99894	66.84995	16.43333	16.71672
9	18.32331	57.56112	15.89606	26.54282
10	20.44497	46.30215	14.43841	39.25944

表 5-4 是国际冲突的方差分解结果，反映了国际冲突与合作可由国际贸易和国际直接投资解释的情况。表中后三列分别代表国际冲突与合作的方程新息对国际冲突、国际贸易、国际直接投资预测误差的贡献度。因为方差分解结果随 VAR 模型中方程顺序设定的不同而改变，而国际冲突与合作是模型出现的第一个内生变量，因此第一步预测误差全部来自该方程的新息。从表中可看出，从第一期到第七期，来自第二个方程的新息比来自第三个方程新息对国际冲突与合作的预测误差贡献大，即国际贸易对国际冲突的消减作用比国际直接投资对国际冲突的消减作用大。但

在第八期到第十期，来自第三个方程的新息比来自第二个方程的新息对国际冲突与合作的预测误差贡献大。方差分解的结果与脉冲响应的结论相吻合，在初期国际贸易对国际冲突的消减作用明显，但逐渐在减弱，到后期国际直接投资对国际冲突的消减作用比国际贸易对国际冲突的消减作用更强，而且增势显著。这一点在图 5-4 中第一行的第二和第三个图中也表现了出来。

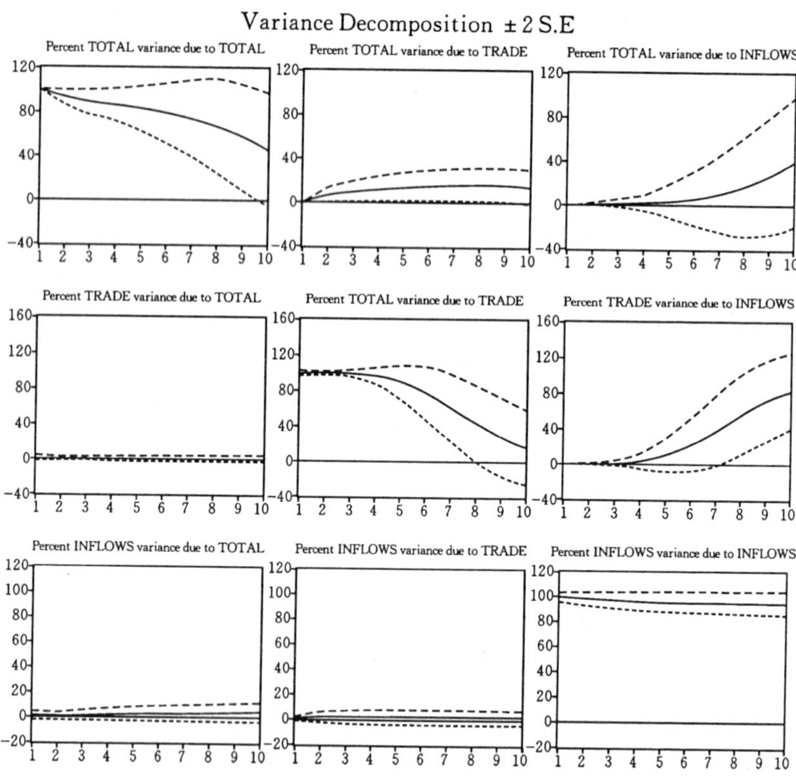

图 5-4　国际冲突、国际贸易、国际直接投资的方差分解

再来分析国际贸易和国际直接投资之间的相互影响。图 5-4 中第二行的第三个图是国际直接投资对国际贸易的影响。可看

出，从第一期到第三期，国际直接投资对国际贸易的作用不明显，到第四期时，国际直接投资对国际贸易的作用影响增强，并持续增加，到第十期时达到了80％左右。这说明，本书采用的数据中，国际直接投资对国际贸易的增长起到了显著的推动作用。这与国际贸易和国际直接投资的理论一致，国际直接投资可以带动东道国的产品生产，从而拉动两国间的贸易。

图 5-4 中第三行第二个图反映了国际贸易对国际直接投资的影响。国际贸易对国际直接投资的作用到第二期时表现出来，但一直保持在较低水平，接近于2％的水平。由此可见，对于这29 个国家来说，国际贸易对国际直接投资的增加有一定的贡献，但作用比较小。

本研究选取的29 个国家样本中绝大多数为发达国家，发达国家间的国际贸易以资本和技术诱发的情形居多，按照第三章第三节的分析结论，在这种情况下，贸易与直接投资之间的相互促进关系表现得更为突出，在更多的情况下，直接投资为贸易提供了更多的机会，贸易又反过来促进直接投资的增长，本节的分析结论与前面的理论分析相符。也就是说，国际直接投资的迅速增长，并没有影响到国际贸易的发展，相反贸易与直接投资是相互促进、相互补充的。Lipsey 等人的研究发现，美国近80％的产业部门中，对外直接投资对同行业的国际贸易更多地显示出正面的影响（Lipsey et al.，1994）。经济自由化、全球化趋势加强，跨国公司持续发展，发达国家之间为展开贸易，常常会出现直接投资与贸易决策的同步性，使得贸易与直接投资常交织在一起，两者在共同促进世界经济的发展。

通过绘制一个三维的散点图，可直观地看出国际冲突、国际贸易、国际直接投资这三个变量两两之间的关系。

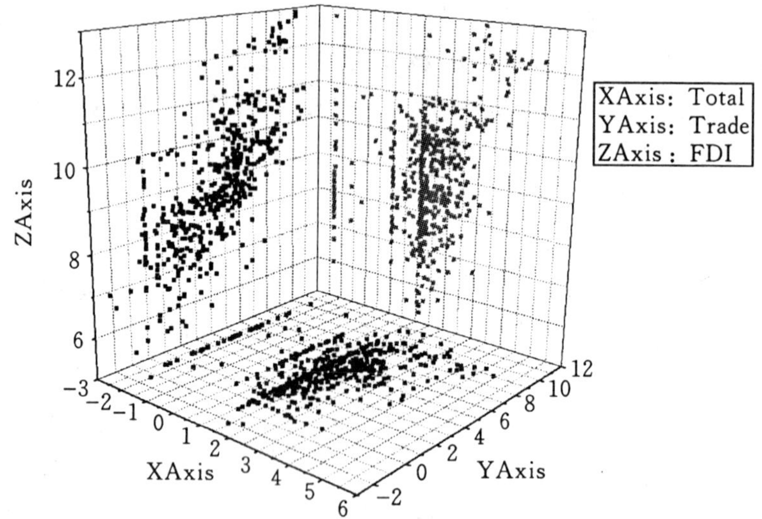

图 5-5 国际冲突、国际贸易、国际直接投资两两之间的关系

图 5-5 中 X 轴表示冲突合作值，Y 轴表示国际贸易的增长，Z 轴表示国际直接投资的增长。可看出，这三者两两之间都有相互促进的关系：(1) 国际贸易的增长推动了国际合作的发展，消减了国际冲突。(2) 国际合作促进了国际贸易的发展和繁荣，使国际贸易得以更广泛地进行。(3) 国际直接投资的增长促进了国际合作，减少了国际冲突的发生。(4) 国际合作推动了国际直接投资的发展。(5) 国际贸易的增加促进了国际直接投资。(6) 国际直接投资的增加大大拉动了国际贸易的发展。

本章小结

本章首先采用亚洲国家 1991—2000 年的面板数据对国际贸

易和国际冲突的数据进行实证检验。由于国际贸易和国际冲突间存在相互影响，为克服内生性，本章采用的是联立方程的模型。实证得出的结论是：国际贸易对国际冲突的净效应为负，即国际贸易可以消减国际冲突，促进国际合作的开展。该结论证明了 Polachek（1999）、Rosecrance（1986）、Dorussen（2006）、Valentin（2006）、Stein（2003）、Süheyla 和 Nur（2001）等人的观点，驳斥了 Barbieri（1996）、Mearsheimer（1990）、Waltz（1979）、Copeland（1996）等人的观点。其后，本章采用 OECD 中 27 个国家加上中国、新加坡这 29 个国家 1991—2000 年的面板数据验证国际直接投资和国际冲突的关系，同样使用的是联立方程组模型。该实证的结论是，国际直接投资与国际冲突呈显著负相关，即国际直接投资可以消减国际冲突。这个结论证明了 Gartzke，Li 和 Boehmer（2001）、Lee（2005）、Polachek（2005）观点的正确性。最后，本章用 OECD 中 27 个国家加上中国、新加坡这 29 个国家的数据构建 VAR 模型，运用广义脉冲响应和方差分解的方法验证国际冲突与合作、国际贸易、国际直接投资三者之间的关系，结果证明这三者两两之间都有相互促进的关系：国际贸易推动了国际合作的发展，消减了国际冲突；国际合作促进了国际贸易的发展和繁荣，使国际贸易得以更广泛地进行；国际直接投资促进了国际合作，减少了国际冲突的发生；国际合作推动了国际直接投资的发展；国际贸易促进了国际直接投资；国际直接投资大大拉动了国际贸易的发展。这说明，国际贸易和国际直接投资此时表现出的是互补关系而非替代关系，二者相互促进对方对国际冲突的消减作用，而且，国际直接投资比国际贸易更显著地体现出消减国际冲突的作用。这个结论与 Polachek 等人（2005，2006）的观点相吻合。

第六章　国际贸易和国际直接投资消减国际冲突的现实最优条件

第一节　国际贸易消减国际冲突的现实最优条件

一、两国间有对称的贸易关系

第三章中已分析过，贸易关系不对称会使其对国际冲突的消减作用减小，甚至会引发国际冲突——不对称的贸易关系易诱发霸权国家利用优势地位发起冲突；不对称的贸易关系会导致利益分配不均加剧争斗；不对称的贸易关系会导致被边缘化的国家经济恶化引起冲突；不对称贸易关系中的贸易开放问题可能会引发冲突。贸易关系的对称性不同，贸易对国家间关系所产生的影响也会随之不同。

Polachek，Robst 和 Chang（1999）将贸易不对称定义为两个国家 GDP 的差，其他学者的测量方法近似于规模不对称，比如 Barbieri（1996）用贸易份额的方法定义对称性：*A* 国对 *B* 国的对称性＝1－（*A* 国的贸易份额－*B* 国的贸易份额）。Gartzke 和 Li

(2003) 提出，贸易不对称性＝A 国对 B 国的贸易依赖度－B 国对 A 国的贸易依赖度。Hegre (2004) 认为，规模不对称是指两国间贸易效率存在差异，而贸易效率取决于一国内单个经济体与其他经济体间的贸易。贸易效率受关税等贸易政策的影响，但不会反之受规模不对称的影响 (Snidal，1991)。一般情况下人们所提的贸易对称性，与 Gartzke 和 Li (2003) 界定的相同，即两国的贸易依赖度之差，而 A 国贸易依赖度等于双边贸易额除以 A 国 GDP，B 国贸易依赖度等于双边贸易额除以 B 国 GDP。如果 B 国小，则国家 A 对国家 B 的贸易依赖度也会变小，因为分子——双边贸易额是一样的。而通常来讲，小国比大国的 GDP 小 (Deardorff，1998；Frankel and Romer，1999)，于是这一对国家贸易便是不对称的，大国对小国的贸易依赖度小，而小国对大国的贸易依赖度大。

在第二次世界大战后，德国和法国间贸易的增加促进了它们安全关系的形成，由于害怕贸易关系的中断，它们尽力减少了冲突行为的发生概率。但这个结论对德国和卢森堡是否适用呢？这一对国家的军事和经济实力都非常不对称，由此造成贸易关系也不对称：卢森堡的商品在德国的潜在市场远远大于德国的商品在卢森堡的市场 (Polachek，Robst and Chang，1999)。如果不对称关系中强大的一方利用弱小一方对它的依赖来获取对方的政治让步，则贸易会增加冲突的风险，或者贸易关系可能与安全关系不一致 (Barbieri，1996，2002；Gartzke and Li，2003)。因此，如果贸易关系对称，将使国际贸易具有更好的消减冲突、促进和平的作用。

贸易的对称性会影响实力强大的发起国对潜在目标国的冲突动机，以德国、法国、卢森堡为例，在 20 世纪 90 年代时德国与法国的经济规模相当，是卢森堡的100倍。假设最初法国与德国的双边贸易量占法国GDP的10%，卢森堡与德国的双边贸易量也占卢森堡的10%，两个国家对德国的贸易依存度是0.1。假定国家贸易政策的变化或技术进步使得贸易量增加，法国和卢森堡对德国的贸易依存度都从10%增加到20%。德国对法国的贸易依存度也从10%增加到20%，而对卢森堡的依存度从0.1%提高到0.2%。两种贸易依存度的增速是一样的，但对德法关系和德卢关系的影响却不相同。由于德法经济实力和军事实力都相当，因此它们之间若发起冲突则无法短期内解决，会长期持续，而且德法贸易对德国的经济社会发展来说更重要，于是冲突成本较高，包括冲突造成的破坏及由此造成的贸易损失。另外，贸易效率的增加对法国来说更显著，法国也不愿对德国发起冲突。而对卢森堡来说，德国和卢森堡间经济实力和军事实力都十分不对称，若二者间爆发冲突，时间不会很长，因为卢森堡十有八九会被迅速打败，德国和卢森堡间不论有没有贸易都不会对德国的决策造成太大影响。同样可推知，卢森堡和德国间的贸易对德国的效用函数也不会有什么影响。

理论分析表明，在国家实力相似即贸易对称的情况下，贸易量的变化降低了冲突的可能性。实力悬殊的国家间贸易对冲突的消减作用没有那么显著。首先，中断贸易的威慑作用在贸易对称的国家间最强。第三章中曾分析，贸易可作为威慑的信号，以中断与对方的贸易为要挟来达到本国的目的。如果双方相互的贸易依赖程度相近，则威胁既表明了本国的决心，又能让对方认为是可置信的。如果双方的贸易依赖程度相差甚大，则大国会对小国的威胁不屑一顾。当大国想对小国发起冲突时，它不会在乎贸易中断带来的损失。其次，从成本收益的角度来看，国力相似的国家间贸易提供了获取资源或提高经济实力的其他方式。若发起冲突，相近的国力即对称的贸易关系会使冲突持续的时间维持较长，且贸易对双方来讲都比较重要，因此发起冲突成本较大，而收益的不确定性也很大，很可能并不比贸易收益高。当国力相差悬殊时，则冲突的成本低，冲突收益超过贸易收益的可能性高，贸易消减冲突的作用受到影响。Oneal 和 Russett（1997）等学者都证明，根据贸易损失的机制，贸易依赖度低的国家起到主导作用。当贸易对两个国家来说都非常重要时，贸易对国际关系的影响非常大。他们用模型证明，当两国国力相似时此作用最大。

Hegre（2004）模拟了在贸易关系对称和不对称情况下国际贸易对国际冲突消减的作用，如图 6-1 所示。图中细线表示贸易关系悬殊即不对称的情况，粗线表示国家贸易关系相近即对称的情况。可以看出，国际贸易对国际冲突在两种情况下都有消减作用，但在贸易关系对称的情况下，消减作用更明显。

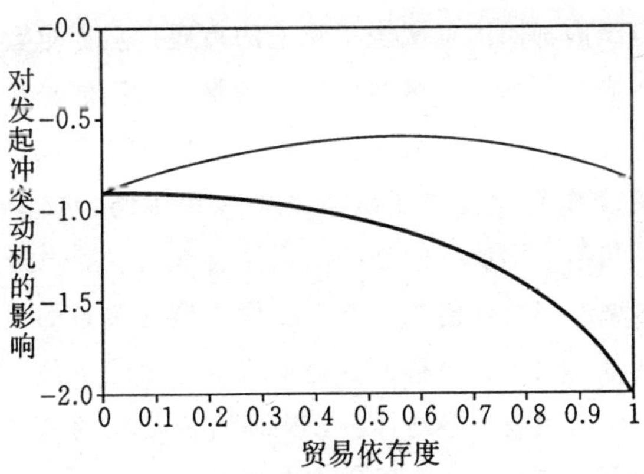

图 6-1　贸易对称性对冲突最低可能性的影响

资料来源：Hegre，H. Size Asymmetry，Trade，and Militarized Conflict [J]. Journal of Conflict Resolution，2004，48 (3)：415.

二、两国同属区域经济合作组织成员

区域经济合作组织对贸易消减冲突的程度会产生影响。区域经济合作组织在过去的二十多年中得以快速地发展，对国际贸易的发展起到了重要的促进作用，如表 6-1 所示。

在区域经济合作组织成员国之间发生的冲突概率比非区域经济合作组织成员国之间要小，贸易的增加在区域经济合作组织成员之间有更好的消减敌意的作用。对于不属于同一区域经济合作组织的国家来说，贸易对冲突的影响相对较弱。对区域经济合作组织的成员来说，贸易的增加有效地减小了冲突的可能性，同属于一个区域经济合作组织的国家比其他国家更不容易发起冲突，贸易的作用有放大的效应。这主要有以下几个原因：

第一，区域经济合作组织增强了国家间的利益联系。区域经济合作组织减少了国家间贸易壁垒，成员国对贸易壁垒的制定受到限制。组织内部的国家减少了流通的障碍，从而更紧密地联系在一起，变成一个拥有许多共同利益的整体。区域经济合作组织对冲突的影响部分是因国家希望从成员伙伴间获得经济收益，由于区域经济合作组织促进了贸易的发展和协调，减少了机会主义，增加了与第三国谈判的杠杆，国家有理由以获取经济利益为目的加入区域经济合作组织。对于有紧密贸易关系的组织，预期未来的赢利将会很大。军事冲突会损害双方的经济关系，如果有区域经济合作组织成员参与冲突，则所有成员国的未来收益都将处于危险之中，相当于对区域经济合作组织所有成员增加了成本负担。因此，区域经济合作组织成员的联合及大量的贸易非常可能消减敌意，区域经济合作组织内的国家尤其不愿意参与军事冲突。

表 6-1　部分区域经济合作组织的内部贸易统计（1980—2004 年）

（内部总出口占一体化组织总出口的百分比）

区域经济组织	1980	1985	1990	1995	2000	2001	2002	2003	2004
APEC	57.6	67.7	68.3	71.9	73.1	72.6	73.4	72.6	72.0
EU	60.8	59.2	65.9	62.4	61.6	60.8	60.6	61.2	60.7
CCACM	24.4	14.4	15.4	21.7	17.3	17.9	17.5	16.8	20.0
CARICOM	5.3	6.3	8.1	4.6	14.7	16.5	13.8	12.4	12.5
LAIA	13.7	8.3	10.8	17.1	12.8	12.8	11.2	11.4	12.6
MERCOSUR	11.6	5.5	8.9	20.3	20.0	17.1	11.5	11.9	12.6
UDEAC	1.4	1.7	1.4	1.6	1.0	1.4	1.4	1.4	1.2
UEMOA	10.1	5.2	7.8	9.8	13.1	12.7	12.2	13.3	13.9
ASEAN	18.7	19.8	19.8	25.4	23.0	22.4	22.7	22.2	22.2
ECO	5.4	9.9	3.2	7.9	5.6	5.5	5.9	6.7	6.3
GCC	3.0	4.9	8.0	6.8	4.8	5.2	5.9	5.1	5.0
SAARC	4.8	4.5	3.2	4.4	4.1	4.3	4.8	5.7	5.6
UMA	0.3	1.0	2.9	3.8	2.3	2.6	2.8	2.4	1.9

注：APEC 为亚太经合组织；EU 为欧洲联盟；CCACM 为中美洲共同市场；CARICOM 为加勒比共同市场；LAIA 为拉美一体化协会；MERCOSUR 为南方共同市场；UDEAC 为中非国家经济共同体；UEMOA 为西非国家经济共同体；ASEAN 为东南亚国家联盟；ECO 为经济合作组织；GCC 为海湾合作委员会；SAARC 为南亚地区合作协会；UMA 为阿拉伯马格里布同盟。

资料来源：World Bank. 2006 World Development Indicators，2006.

第二，区域经济合作组织成员国间的贸易使发起冲突的成本增加。区域经济合作组织内成员国间的贸易占了很大的份额，如

表 6-1 所示。国家组成区域经济合作组织会吸引国外投资，比如东南亚国家联盟（Association of Southeast Asian Nations，简称ASEAN）形成后引资额度大幅增加。另外，加入了区域经济合作组织的国家预期它们在国际经济协调中的地位会提高，因为它们可以发挥集体而非单个的力量。比如，加入欧洲经济共同体（European Economic Community，简称 EEC）的国家希望这个组织能提升它们相对于美国的谈判地位，各个发展中国家也组成区域经济合作组织以提升它们在经济谈判中的地位，因此预期各项收益都会增加。由于相互的市场准入，企业会从区域经济合作组织成员资产中获取实际收益。与此同时，区域经济合作组织减少了政府机会主义行为的能力，企业投资于区域经济合作组织使资产赢利的风险性更高，因为赢利与否会受到国家行为的影响。随着预期收益的增加，发起冲突的成本增加，国家间若发生冲突，会影响一国作为区域经济合作组织成员得到的这些利益的预期。因为冲突损害了维系贸易自由化的承诺，阻碍了企业进行贸易，同时也会损害国家间经济关系并威胁到区域经济合作组织的预期收益。在这种情况下，即使贸易流量很少，国家也愿意从成员国身份中获得经济利益，而不去发起冲突。如果参与国预期可得到规模经济收益，区域经济合作组织会减少国家间敌意，国家会不断努力以促进区域经济合作组织的发展。

第三，区域经济合作组织成员国间的贸易具有更好的外溢效应。区域经济合作组织的机制提供了深入一体化和稳定贸易伙伴间经济关系的纽带。正如 Miles Kahler 所说，区域机制下的广泛的经济联系可以帮助“加强合作和加强机制：期望关系能继续，未来支付的折现率会降低”。拿已有的贸易关系和未来潜在的经济收益冒险，军事冲突的威胁给有大量贸易和属于同一区域经济合作组织的国家附加了沉重的负担。尽管敌意对贸易量和区域经济合作组织的影响并不是立竿见影（Mansfield，Milner and Rosendorff，1998；Morrow，Siverson and Taberes，1998），但随着冲突的持续甚至升级，越来越多的成员国陷入冲突之中，损害了贸易协定也损害了参与国间的贸易关系。区域经济合作组织成员间的贸易可以更好地对其他领域的合作产生影响，成员国有更大的动机来避免发生直接冲突。

第四，区域经济合作组织能在成员国间建立对话协商机制防止对抗发生，因此有利于在冲突公开爆发之前解决国家间的紧张关系。各个区域经济合作组织有争端解决机制来协调冲突，尤其对于一些贸易量大的国家更是如此。贸易量大意味着军事冲突的成本高，但也在一定程度上带来了经济冲突。优惠协定有助于协调和解决经济争端，使它们在升级成为损害政治关系的因素前就被消除。许多区域经济合作组织促进了合作，通过组织论坛来交易和协商以减缓国家间敌意，促进互利关系，使冲突在升级前得以化解。比如东盟缓解了东南亚的紧张气氛（Huxley，1996；Snitwongse，1998），南方共同市场（MERCOSUR）也有相似的作用，改善了政治和军事关系（Manzetti，1993；Smith，1993）。

表 6-2　区域经济合作组织成员国的贸易与冲突的关系

自变量	因变量	
	Total	log（*trade*）
constant	−15.041*** (4.775)	−27.886*** (1.314)
log（*trade*）	0.413** (0.177)	
$alliance_{t-1}$	1.616** (0.627)	

续表

自变量	因变量	
	Total	log（*trade*）
distance	−0.0005** (0.0002)	−0.0002*** (0.00005)
demogap	−0.176** (0.083)	
log（*pop*1）	0.569*** (0.202)	0.615*** (0.041)
log（*pop*2）	0.232 (0.207)	0.567*** (0.037)
log（*gdppcgap*）	0.185 (0.223)	
$Total_{t-1}$	0.122*** (0.037)	
$Total_{t-2}$	0.110*** (0.036)	
Total		0.075** (0.033)
log（*gdppc*1）		1.293*** (0.075)
log（*gdppc*2）		1.206*** (0.057)
*open*1		14453.14*** (3101.127)
*open*2		8067.051*** (1408.976)

续表

自变量	因变量	
	Total	*log*（*trade*）
$trade_{t-1}$		5.60*e*—06 (6.81*e*—06
$trade_{t-1}$		—7.31*e*—06 (6.65*e*—06)
R^2	0.185	0.848
N	435	435

注：***、**、*分别表示在1%、5%、10%的水平上显著，括号中为标准差。

Mansfield和Pevehouse（2000）分析了区域经济合作组织的双边贸易流量对1950—1985年军事冲突的影响。结果显示，贸易对非区域经济合作组织成员国间冲突的作用较小。而在区域经济合作组织成员国间，贸易对冲突的负效应明显。区域经济合作组织成员国不易陷入冲突之中，贸易的增加会使它们间的冲突减少。在区域经济合作组织成员间，冲突的可能性是0.014，而在非区域经济合作组织成员间，冲突的可能性是0.029。

本书选用亚洲国家1991—2000年的数据，筛选出签订了贸易协定或同属一个自由贸易区的国家，用它们代表同属区域经济合作组织的成员国，做联立方程组模型，方程同第五章中的式（5.1）和式（5.2），得到如表6-2所示结果。与第五章中表5-1的结果比较可发现，用亚洲所有国家数据做实证的结论是，两国间贸易的自然对数增加1个单位时，净合作增加0.406个单位，或是净冲突减少0.406单位。而用签订了贸易协定的国家数据做实证时结论为，两国间贸易的自然对数增加1个单位时，净合作增加 0.413 个单位，或是净冲突减少 0.413 单位。这说明，在签订了贸易协定的国家间，贸易消减冲突、促进合作的作用更显著。

三、参与贸易的商品为缺乏弹性的商品

第五章中的国际贸易对国际冲突的影响是整体研究，结论是贸易能消减国际冲突，促进国际合作。如果将贸易按具体商品进行分类再研究贸易和国际冲突的关系，可以得到进一步的结论，即贸易对国际冲突的消减作用受到商品种类的影响。

进口需求弹性或出口供给弹性小的商品，其贸易消减冲突的作用更好。商品需求弹性的大小取决于其被替代的可能性，被替代可能性越高，则需求弹性就越高；反之，被替代可能性越低，则需求弹性就越低。替代性低的商品只能从目标国进口该种商品，若两国发生冲突，则贸易必受重创，损失较大。同理，在出口供给弹性小的情况下，发起国只能向目标国出口该种商品，两国爆发冲突的成本会很高。因此，若发起国与目标国进行贸易的某种商品进口需求弹性小，或出口供给弹性小，则该种商品消减冲突的作用强。如果某种商品的贸易需求很低，或者比较容易被替代时，贸易消减国际冲突的作用就不明显，因为中断贸易的成本不高，国家没有减少敌意的动机。Gasiorowski 和 Polachek（1982）认为，不同国家的经济结构会影响它们某类商品的贸易利得，并会影响这类商品减少冲突的作用。Arad 等人（1983）描述了两个过去敌对后来成为贸易伙伴的国家，贸易中断的成本如何随着产品的不同而变化。Polachek 和 McDonald（1992）采用 1973 年 14 个工业化进口国的截面数据证明了进口需求弹性或出口供给弹性小的商品贸易消减冲突的作用更好的观点。其中因变

量是净冲突，自变量包括双边贸易值、发起国 GDP、贸易伙伴间 GDP 的差、制造品的双边进口价格弹性。他发现制造品的贸易消减冲突的作用非常明显。List（1856）强调了制造品和国家安全间的关系，他认为制造品的贸易会被战争中断，国家在供给这些商品时要自给自足，如果国家自身难以供给这些制造品或难以从别国进口这类制造品，则它不会倾向于发生冲突、中断贸易。

战略商品是上述商品种类的一个典型，战略商品的贸易对国际冲突的消减作用较大。首先，对战略物资的竞争会引发冲突，如果两国进行战略物资的贸易，则可以避免争夺资源这类的冲突发生。Sen（1984）提出，对基础制造业、矿产、燃料资源的竞争会引发冲突，因为这些产业大多对生产军备用品有战略意义。国家希望获得金属、钢铁、化学药品和燃料此类资源以确保本国的军事能力。同样，由于高科技产品会对武器制造有溢出效应，这些领域的竞争会导致冲突（Borrus and Zysman，1992；Vogel，1992），而贸易的进行有助于平抚该类冲突的发生。其次，战略物资的贸易对冲突的发生十分敏感，如果冲突爆发，则战略商品的贸易会立即中断，战略商品贸易的福利比一般商品高，因此产生的损失高昂，由于害怕造成损失，国家便不会轻易选择发生冲突。基于 Polachek（1980）的观点，战略商品的福利所得应比普通商品多，可能是因为这类商品对政治的反应更强烈，贸易商力图在两国冲突时控制贸易量，而在两国合作时增加贸易量。Knorr（1975）指出，战略商品是具有直接军事意义的贸易品。与 Knorr 的看法一样，Paarlberg（1978）论述了汽油是一种比食物更具有政治影响的战略商品。Borrus 和 Zysman（1992）、Gilpin（1984）、Knorr（1975）、Vogel（1992）强调了燃料、金属、矿产、基础制造业对国家安全的重要性。此时冲突对贸易产生的影响较强，如果双方发生冲突，这类商品的双边贸易量会下降，因为把这类商品卖给对方会增强对方的军事力量，为防止对方的军事力量上升，一国便不愿与敌对国进行这类商品的贸易。Bergeijk（1992）、Pollins（1989）、Roemer（1977）都支持这个观点。当然，战略商品的概念不仅仅局限在石油、燃料、金属一类。在“冷战”期间，战略商品被美国总统艾森豪威尔定义为：“如果我们的敌国特别需要某种商品，则那种商品就是战略商品。”Schelling（1958）也提出，当一国不再生产某种商品而却要消费这种商品时，某些看起来普通的商品会变为战略商品。Baldwin（1985）将战略商品定义为“任何要用来追求一个既定战略的且在本国生产是无效率的商品”。商品的战略性的定义取决于当时的环境和贸易品的可替代性。因此，战略商品是进口需求弹性或出口供给弹性小的商品中的一个典型，它具有更强的消减国际冲突的作用。

表 6-3 中总结了 16 对国家中不同商品的双边贸易对国际冲突消减作用显著的国家对数。从表中可看出，矿物、润滑油、化工品、机械、运输设备这类战略特征明显的商品，其贸易消减冲突的作用更强。

表 6-3 不同商品的双边贸易消减冲突的作用

SITC 编码	商品	贸易消减了冲突的国家数
S0	食品、活动物	9
S1	饮料、烟草	8
S2	非食用原料（燃料除外）	4
S3	**矿物燃料、润滑油及有关原料**	**8**
S4	动、植物油、脂及蜡	4
S5	**化学品及有关产品**	**6**

续表

SITC 编码	商品	贸易消减了冲突的国家数
S6	基本制成品	5
S7	**机械、运输设备**	**9**
S8	杂项制品	7
S9	未分类的商品及交易品	6

资料来源：根据 Reuveny 和 Kang（1998）的实证结果整理。

第二节　国际直接投资消减国际冲突的现实最优条件

一、各国制定合理的投资政策

只有在国际直接投资不对国际冲突起到引发效应时，国际直接投资才能充分发挥其对国际冲突的消减效应。这需要各国在制定投资政策时，一方面要注意不侵害别国利益，另一方面又要维护自己的利益。

（一）投资国政策的制定

为了防止跨国公司直接投资对本国国家利益造成负面影响，投资国应对本国跨国公司对外投资活动制定相应的监管政策。第一，加强审批。以韩国为例，对外直接投资的审批工作由韩国银行下设的“涉外投资工业审议委员会”负责，在投资项目上，禁止对韩国对外关系有重大不利影响的项目、有损国家威严的项目、有损公德风尚的项目、对韩国经济起重大不利影响的项目投资。第二，要求跨国公司公开经营状况。为了了解跨国公司的财务状况和经营状况，各国公司法均要求股票上市的跨国公司向政府和社会公布资产负债表及其他重要的商业情报。比如，根据《美国联邦证券法》，跨国公司须按年度或季度提交财务报告。第三，防止逃避税。跨国公司通常可以采用转移定价和在国际避税港设立“基地公司”的方式来逃避税，对此，各国均采取了特别的管制措施。第四，对技术转让加强管理。各投资国一般都对跨国公司出口和转让技术作了限制规定。例如，日本颁布的《关于修改外汇管制与外贸管制的法律》，规定日本跨国公司授予海外子公司的工业产权或专有技术的许可合同时，事先要取得大藏省和通商产业省的批准①。

（二）东道国政策的制定

东道国对外来直接投资需以是否符合本国国家利益为原则来制定一系列优惠政策和控制政策。可采用的优惠政策包括：第一，税收优惠。为了吸引外国跨国公司前来投资，税收优惠是东道国特别是发展中东道国普遍采用的政策。比如韩国就有不少税收优惠政策，对符合条件的外商直接投资企业实行减免税优惠，对外商投资 436 种高新技术产业及“能够对高附加值制造业等的发展提供巨大帮助”的 97 种服务业和“外商投资区”内的企业实行税收减免。符合条件的外商前 7 年免交法人税、所得税和红利所得税（均为国税），后 3 年减半；所得税、财产税、综合土地税和登录税（均为地方税）减免期限至少 8 年（前 5 年全免，后 3 年减半）。第二，鼓励研究与开发。许多国家都对跨国公司

① 余先予. 国际经济法教程［M］. 北京：中国财政经济出版社，2000：449.

在本国的研究与开发活动给予了全方位的支持。比如美国为鼓励企业增加研发投入，把研发投入与一般性投资区分开，实行“费用扣除”和“减免所得税”的双重优惠。法国税收以高税率著称，但政府一直重视技术研发，研发费用一般可在税前扣除，也可以选择资本化处理。韩国政府一直在鼓励中小企业技术创新，将可用的政策手段几乎都用于扶持中小企业技术创新。第三，对营业亏损进行弥补。许多东道国都规定，跨国公司开业后的营业亏损，可在一定年限内予以弥补，如菲律宾规定外资企业开业后10年内发生的纯营业性损失，可从发生损失的第二年起6年内，从应纳税的收入中分期扣除。第四，直接财政支持。为了增加跨国公司获得当地资金的途径和可能性，许多东道国对符合本国产业政策的跨国公司直接投资给予赠款和贷款、贷款担保、财政补贴等财政支持。比如匈牙利政府在资金信贷等方面为外商直接投资制定了鼓励措施，主要方式包括无息贷款、低息贷款、补贴、补助等。对于在基础设施和公共设施建设方面的外商投资，匈牙利政府通过财政拨款支持，最大比例为投资额的33%，向基础设施建设提供无息贷款，对在国际市场上有竞争力的产品的生产投资提供无息贷款等。

东道国对外来直接投资的控制政策主要包括：第一，进入限制。出于保证国家经济政策目标实现、维护国家安全、保护民族工业等目的，东道国通常对外国投资者在准入和设立上实行限制，依照政策对外资进行审查，以确定其性质及影响，决定是否允许其进入东道国。第二，所有权控制。发达国家除对一些特殊部门有所有权的控制要求外，其他领域并无特殊规定，而广大的发展中国家强调东道国应有效地参与跨国公司在当地的业务，参与其所有权和经营管理，一般只对那些被确立为优先发展的、引进先进技术的、产品出口的项目，才允许跨国公司占多数股权。第三，业绩要求。各东道国都要求跨国公司资本与技术的进入，能为东道国经济和技术的进步与发展、国民生活水平的提高等作出积极贡献。第四，公布有关经营情况。各东道国一般都规定在不暴露商业秘密的前提下，跨国公司应根据其业务性质和经济活动范围，就其活动、方针和组织机构在合理的期限内公布足够的情报资料，以利于当地政府和国民了解其有关情况。第五，竞争行为限制。东道国依据本国的法律、法规及国际上有关条约和协定，将竞争政策运用于利用外资的管理活动中。采取行政和司法的手段，制止和制裁不正当竞争、限制竞争和非法垄断行为。

二、有效管理国际直接投资活动

各主权国家在积极制定国内投资政策的基础上，对国际投资活动进行全面有效管理可以在极大程度上维护和扩大本国的国家利益。对投资国而言，一方面通过积极支持对本国的经济发展起积极作用的跨国公司和投资项目走出去，可以促进本国资本积累规模的扩大，改善本国的国际收支状况，增加本国的财政税收，同时，随着本国有影响力的跨国公司数量的增加，也会直接改善本国的国际形象、提高国际地位；另一方面通过限制和管理本国跨国公司的投资活动，可以防止本国核心技术流失、产业空心化、税收流失等不利于维护和扩大本国国家利益的情况出现。对东道国而言，一方面通过优惠政策吸引的外来直接投资能够弥补本国的资金缺口、增加外汇、扩大就业和税收、促进产业结构的调整和升级，从而能够维护并扩大本国以经济利益为核心的国家利益；另一方面通过政策控制对外来直接投资的全面管理，可以防范国外跨国公司限制本国宏观经济政策实施，防范冲击本国民族产业发展、破坏本国生态环境、削弱本国政府对外贸的管理力度、加剧本国金融市场动荡等不利于维护和扩大本国国家利益的情况发生。

对于发展中国家来言，一方面在投资自由化趋势的影响下，发展中国家将面临进一步消除投资障碍的问题；另一方面由于《与贸易有关的投资措施协议》等多边投资协议都认为发展中国家的激励措施在某种程度上扭曲了国际资本的投资选择，因而不符合世界贸易组织的国民待遇原则，应加以限制或禁止。发展中国家不仅要被迫取消限制措施，而且连激励措施也要取消。一旦发展中国家调整国内投资政策，取消这些措施，特别是全面迅速地调整，发展中国家的经济将面临剧烈震荡。发展中国家在未来国际投资关系中面临的困境将损害发展中国家的国家利益。从给外资企业优惠政策时面临的困境来看，给予外资企业优惠不仅会直接导致财政收入的流失，而且会使本国企业处于不公平的竞争地位。从投资自由化趋势带来的困境来看，处于资本输入国地位的发展中国家一旦全面融入投资自由化潮流，那么在和处于资本输出国地位的发达国家的博弈中，在可以预见的一段时期内不会取得双赢结果。从利用外资与维护国家经济安全面临的困境来看，可以说外资的全面流入对国家经济安全的冲击是不可避免的。因此，发展中国家在未来国际投资关系中面临的这些困境将减少它们的投资利益，以及以此为基础的经济利益，并进而损害它们的国家利益。因此，发展中国家要做好对国际直接投资的管理，才能避免由国际直接投资引发的冲突，从而更好地实现国际直接投资消减国际冲突的效应。

三、分层次协调国际直接投资

由于各国制定的国内投资政策涉及投资国和东道国的利益关

系，特别是由于各国的国际投资政策的重点和目标不同，单个国家内部的国际投资政策难免有其局限性。国际直接投资中的一些敏感问题，如外国投资者的待遇标准、征用和国有化的合法及其补偿标准、投资争议的处理和管辖权等，是单个国家的国际投资政策所不能解决的，因此，对国际直接投资进行国际协调就显得十分必要。从国际直接投资的国际协调现状来看，国际投资的协调可分为双边层次、区域层次及多边层次的协调。

（一）双边层次的协调

双边层次的协调主要表现在双边投资协定的签订，即为了调整国家间的私人投资关系，保护外国投资者的合法权益，维护良好的投资环境，由投资国和东道国签订的一种促进和保护投资的双边条约。自20世纪70年代以来，双边投资协定的签订数量令人瞩目，20世纪70年代有167项双边投资协定签署，其中14项有发展中国家的参与；20世纪80年代，有386项双边投资协定签署，其中64项有发展中国家的参与①；到2006年6月1日，已有177个经济体签署了双边投资协定②。可见，双边投资协定网络纵横交错的发展已非常广泛并仍保持着持续扩大的趋势，特别是发展中国家的参与度和所发挥的作用正与日俱增，比如中国的双边投资协定网络就已覆盖全球大多数发达国家和发展中国家。各国政府积极参与签订双边层次的国际直接投资协定，已成为推动国际直接投资迅猛发展的主导力量。双边投资条约主要有三种类型：（1）友好通商航海条约。友好通商航海条约是指在相互友好的政治前提下，针对通商航海等事宜全面规定两国间经

① 滕藤，谷源洋．1997—1998世界经济形势分析与预测［M］．北京：中国社会科学出版社，1998：24.

② 数据来源于UNCTAD网站。

济、贸易关系的一种贸易条约，双方对于对方国民前来从事商业活动给予应有的保障、赋予航海上的自由权等。（2）投资保证协定。投资保证协定的核心在于让对方缔约国正式确认一国国内的承保机构在有关的政治风险事故发生并依约向投保的海外投资者理赔之后，享有海外投资者向东道国政府索赔的代位权和其他相关权利及地位。（3）促进与保护投资协定。促进与保护投资协定是欧洲一些发达国家与发展中国家签订的双边投资条约，其中以前联邦德国最为典型。此类协定内容较为具体详尽，实体性规定和程序性规定并举，兼具“友好通商航海条约”与“投资保证协定”的长处，是一种保护国际投资的好的条约类型，因而一问世便得到各发达国家的争相效仿和大力推行。在双边层次的协调中，通过双边投资协定对外资待遇、政治风险保障、投资争端的解决、避免双重征税等问题的规定，可彼此提供非歧视政策条件的投资保护来促进双方之间投资的发展，因而可以有效地协调与控制双方的投资利益及相关的经济利益，从而有效地协调与控制双方以经济利益为核心的国家利益。

（二）区域层次的协调

目前区域层次的国际投资协调主要有三类：第一类，专项能源和原材料输出国组织内的协调，主要通过分配销售份额、避免成员国内部削价竞争来防止巨型跨国公司操纵国际市场价格。主要包括在联合国第四届联大通过的“商品综合方案”基础上成立的各种原材料输出国组织，如石油输出国组织、铜出口国政府间委员会、铁矿砂出口国协会、国际铝土协会、钨生产协会、天然橡胶生产国协会等。第二类，区域经济集团内的协调。一般是在区域经济合作协议中包含投资问题的条款，比如在欧盟内部，《罗马条约》规定成员国之间应该给予彼此企业以国民待遇，鼓励成员国内部的国际直接投资；亚太经济合作组织成员国也签订了争取早日实现成员国之间的贸易和投资自由化的《茂物宣言》；北美自由贸易协定生效后，极大地推动了《美—加自由贸易协定》，带动了美国和加拿大企业对墨西哥投资的增长。第三类，不同类型国家所组成的综合性组织内的协调，主要是指涉及投资问题的协议或独立的投资协议，如经合组织国际投资与多国公司声明及其相关协定、阿拉伯国家投资协定、伊斯兰大会投资协议、“77 国集团”关于对跨国公司加强监督的特别条款等。从区域层次的国际投资协调的实际内容来看，各种区域层次上的投资协调主要涉及投资政策自由化、待遇标准、投资保护与争端解决等与外国投资者经营相关的问题。近年来区域投资协议所包含的自由化和投资保护内容不断增多，特别是发达国家间区域协定越来越明显地反映了投资、贸易、服务、知识产权和竞争政策之间的关系。一般来说，由于区域组织不仅包括发达国家，而且也包括发展中国家，而不同国家的兴趣和需求不同、发展水平高低相异、未来发展前景也不相同，因而不同国家参与国际投资区域协调的动机有很大的差别。如在亚太经合组织内，美国、日本等发达国家坚持“投资自由化”，而其他发展中国家则强调“经济技术合作”。在区域层次的协调中，通过对投资自由化、待遇标准、投资保护与争端解决等问题的条款化规定，一方面可以极大地促进国际直接投资活动的发展；另一方面能够通过对国际投资过程中所产生的问题作出原则性规定来有效协调国际投资关系中各国的投资利益，从而可以进一步有效协调限制国际投资关系中各国以经济利益为核心的国家利益。

（三）多边层次的协调

虽然双边投资保护有利于保护两国投资者的利益，但因各国情况不同，签署双边协定的内容和标准存在很大差异，很难形成统一的国际规则，因此，以国际经济组织为倡导主体的多边投资保护的建立日趋重要。多边层次的国际投资协调主要由世界银行和世界贸易组织通过的多边投资协定表现出来。已由世界银行达成的多边投资协定主要有：其一，《国际投资争端解决公约》。该公约于 1965 年达成，根据该公约成立的“国际投资争端解决中心”对 20 世纪 70 年代以来发生的国际投资争端起到了重要的调解和仲裁作用。从 1972 年到 1996 年期间，提交该中心仲裁和调解的投资争端共有 38 宗①。其二，《建立多边投资担保机构章程》。该章程于 1985 年通过，根据该章程成立的多边投资担保机构，主要为发展中成员国提供促进和建设性服务，以提高它们吸收国际直接投资的能力。到 20 世纪 90 年代中期，总共有 128 个缔约国，签订了 54 份保险协议，保险金额达到 6.72 亿美元，为在发展中成员国的 60 多亿美元和经济转轨中的东欧国家约 9.3 亿美元的国际直接投资提供了便利②。其三，《国际直接投资待遇指南》。该指南于 1992 年制订，主要是建议对开业后的跨国公司给予公正和平等的待遇以充分保护外国直接投资，并不具有正式约束力，但在调解发展中国家的需要与外国投资者的要求之间矛盾、促进国际投资增长方面发挥着非常重要的作用。在世界贸易组织已通过的涉及投资问题的协定也有三个：其一，《与贸易有关的投资措施协议》。该协议对国际直接投资的业绩要求作了具体规定，明确禁止对外国直接投资项目提出当地成分、贸易平衡

① 数据来源于 UNCTAD 网站 . World Investment Report [R] . 1996：152-153.

② 联合国贸发会议. 1995 年世界投资报告（中译本）[M]. 北京：对外经济贸易大学出版社，1996：467-468.

和出口限制等业绩要求，由此通过逐步取消对外国投资者的障碍而极大地促进了国际直接投资的发展。其二，《服务贸易总协定》。该协定规定了适用于所有服务部门的普遍义务和规范，所以服务行业的直接投资也要受《服务贸易总协定》的规范，而服务行业是当前国际直接投资的重点行业。其三，《与贸易有关的知识产权协议》。该协定虽然没有直接涉及投资问题，但由于知识产权问题有可能成为国际直接投资的一个组成部分，且对知识产权保护与否直接影响到跨国公司的对外直接投资决策，因而《与贸易有关的知识产权协议》自然也就成为国际直接投资政策协调中知识产权保护的重要制度之一。多边层次的协调，特别是世界贸易组织通过的涉及投资问题的三个协定对国际投资关系的协调，不仅对国际投资争端的解决具有强制约束力，而且通过要求各成员国消减不利于资本自由流动的各项投资措施，极大地促进了国际直接投资活动在全球范围的蓬勃发展。因此，多边层次的国际投资协调不仅可以直接有效地协调国际投资关系中各方的投资利益，而且还可以促进国际投资活动在全球范围内的发展来增加各国的投资利益，从而有效地协调与控制各国以经济利益为核心的国家利益关系。

第三节　国际贸易和国际直接投资相互促进消减国际冲突的现实最优条件

一、国际贸易与国际直接投资的政策概述

国际贸易和国际直接投资相互补充、相互促进的条件实际上

是国际贸易政策和国际直接投资政策如何相互辅助的条件。因此，需要先分析国际贸易政策和国际直接投资政策的基本概况，继而进一步分析两种政策相互促进的条件。

（一）国际贸易政策概述

每个国家在制定贸易政策时，通常遵循对本国经济最有利的原则，这无形中会形成各国之间的利益冲突。为了缓和这种利益冲突，各国在制定贸易政策时，一方面要考虑到本国利益的最大化；另一方面也要考虑到其他国家的反应，这为贸易政策的制定增加了一定的困难。许多国家正努力将区域政策逐步转变成统一的全球贸易政策。在全球贸易日益发展，世界市场日益成熟，各国经济交往日益加深的今天，这种以世界经济的稳定发展为目标的全球贸易政策是可以形成的。

通常国际贸易政策的基本形式是自由贸易政策和保护贸易政策。自由贸易政策是国家取消对进出口贸易和服务贸易的限制和障碍，取消对本国进出口贸易和服务贸易的各种特权和优待，减少干预程度，使商品自由进出口，服务贸易自由经营。自由贸易政策的实施，会促进本国经济融入国际市场，增进各国之间的贸易往来。保护贸易政策是指国家广泛利用各种措施对进口和经营领域与范围进行限制，保护本国的产品和服务在本国市场上免受外国产品和服务的竞争，并对本国出口的产品和服务给予优待与补贴。国家对于贸易活动进行干预，限制外国商品、服务和有关要素参与本国市场竞争。一个国家选择哪一种对外贸易政策，取决于该国的经济发展水平和其在国际经济中所处的地位。不同的国家在同一历史时期实行的贸易政策会不同，一个国家在不同的发展时期实行的贸易政策也不会相同。从历史上看，自由贸易理论和政策主张的产生，最初是为资产阶级开拓海外市场服务的。

英国是最早实行自由贸易政策的国家，它最先完成产业革命，商品销向全世界，原料、食品购自全世界，这就决定了英国必须冲破国内保护贸易的限制，积极推行自由贸易政策。但是自由贸易政策也反映了国际分工和生产力发展的一般规律，自由的贸易政策能最大限度地增加世界福利。在20世纪初期，随着英国经济竞争力的下降和大危机的降临，自由贸易政策被超保护贸易政策取代。本着对外扩张的目的，美国从第二次世界大战前的贸易保护主义转向自由贸易政策，并推动关税与贸易总协定的建立，推行贸易自由化，把单边的自由贸易政策演变为多边的自由贸易政策。随着资本国际化和经济全球化的发展，1995年建立世界贸易组织，取代1948年生效的关税与贸易总协定，使多边的自由贸易政策得到加强。但现实经济中，各国出于种种目的致使贸易保护主义的势力仍盛行不衰，贸易战或贸易摩擦时有发生。反倾销、反补贴和保障条款等行政保护措施盛行，在工业国中自动出口限制和有秩序的销售安排协议曾经被大量应用于汽车、钢铁和纺织品等商品的国际贸易，而诸如配额、许可证等数量限制仍在多数发展中国家被广泛使用。

从第三章的分析中可知，在自由贸易的条件下，国际贸易消减国际冲突的效果要好于在保护贸易条件下的效果，因此，如果希望达到国际贸易消减国际冲突的最优效应，各国应加强自身的经济实力，积极加入经济全球化浪潮，推动贸易自由化的发展。

（二）国际直接投资政策的概述

从20世纪50年代开始，随着国际直接投资的全面增长，国际直接投资政策也从保护、限制和控制变得较为自由和开放。目前，世界上尽管还没有一个综合性的国际投资条约，但却有着运转较为顺利的国际直接投资政策的框架，它由各主权国家的国内法规、国家间的双边协议、区域性投资协议、双边和多边的有关协议、非政府组织涉及投资的协议等组成。从当前国家层面看，大多数国家仍在继续扩大开放，采取积极措施以改善投资促进政策。从国际层面看，自由化趋势仍在持续，大量双边、区域性和全球性投资协定和协商机制应运而生。

国际直接投资政策可分为投资国政策和东道国政策。而投资国政策又分为鼓励对外直接投资政策和限制对外直接投资政策。在20世纪70年代到80年代时，发达国家主要通过外汇管制、资本输出限制和对外直接投资的审批制度等措施对对外直接投资进行限制。到20世纪90年代中期，许多发达国家不仅取消了对本国企业对外直接投资的主要限制措施，诸如外汇管制和资本输出管制，还在采取鼓励和刺激本国企业对外直接投资的国内政策措施的同时，强调增强国际间协调和合作的重要性。发达国家为了鼓励和促进本国企业对外直接投资采取了一系列的具体政策措施，主要有：(1) 信息和技术援助。几乎所有发达国家的政府机构或政府出资创办的全国性对外投资信息咨询中心都为本国企业和居民的对外直接投资提供信息和技术援助服务，从而有效降低前期成本。(2) 直接财政金融支持。大多数发达国家对本国企业的对外直接投资提供金融支持，这种财政和金融支持往往与母国对发展中国家的发展援助紧密联系在一起。但本国企业的对外直接投资的财政支持并不局限于发展中国家东道国，同时也包括对其他发达国家的投资支持。发达国家有不少提供直接的财政和金融支持的机构，比如美国的海外私人投资公司、日本的输出入银行、英国的英联邦开发公司、法国的经济合作中心、瑞典的产业合作基金、德国的投资金融公司、加拿大的出口开发公司等。(3) 税收保护。为了避免对国外投资者双重课税，国际上通常采用税收抵免或税收豁免的方式。税收抵免是对外投资者在东道国已纳的税款，可以在母国应纳税额中相抵扣减，它有利于维护母国的征税权。日本、美国、英国、意大利、加拿大、丹麦、澳大利亚等国采用的是这种形式。税收豁免即只承认东道国的征税权，母国为了鼓励对外投资而放弃征税权，对外投资者的所得无论是按高于还是低于母国的税率纳税，只要是在东道国已纳税者，视同在母国已履行纳税义务，不再另征或补税。采用这种方式的国家有瑞典、挪威、芬兰、荷兰、法国、德国等。就具体实施情况而言，税收抵免比税收豁免更普遍。（4）保险。许多发达国家设立专门的机构为本国企业的对外直接投资提供保险服务，但不同国家的海外投资保险的险种和适用的国家和地区有所不同。比如美国、瑞士、荷兰、芬兰等国实施的海外投资保险仅适用于本国企业对发展中国家的投资。英国、瑞典、奥地利等国的海外投资保险则适用于本国企业对其他所有国家和地区的投资。投资保险有别于私人保险，它常与政府间协定互为补充，由国家特设机构执行，具有国家保证或政府保证的性质。

目前，大多数发展中国家都未单独制定对外直接投资政策，对外投资政策一般都放在资本管制政策中，而且控制较为严格。这是因为这些发展中国家由于经济发展水平不高，担心引进外资的弊大于利。近年来，发展中国家开始重新思考对外直接投资方面的政策，逐步开始了较为自由化和促进对外投资的政策。大多数国家希望通过采取这种政策增强本国的竞争力，采取的具体措施主要体现为提供资金和财政优惠、信息与技术援助及投资保障等。

二、国际贸易政策与国际直接投资政策的相互影响

第二次世界大战以后，特别是 20 世纪 80 年代以来，国际直

接投资和国际贸易的发展异常迅猛，二者的关系也日益紧密，呈现相互影响、相互融合的态势。随着全球生产力水平的提高和国际合作的加强，国际资本流动、贸易自由化日益成为世界各国开展对外经贸活动的指导原则。同时，经济全球化和区域经济合作的发展，使生产要素能在更广泛的领域实现自由流动，为国际贸易和国际直接投资的共同发展创造了良好的制度环境。在贸易与直接投资关系不断发生演变的时候，贸易与直接投资的政策也随之发生变化，东道国的贸易政策会对国际直接投资产生很大的影响，同样东道国的直接投资政策也会对贸易政策产生不同的影响。

贸易政策可以从多个方面影响外国直接投资。比如从20世纪60年代开始，许多发展中国家实行进口替代型战略，到20世纪80年代后，许多国家开始转向实施出口导向型战略。因此，这些发展中国家最初采取的是限制外国直接投资的政策，吸引外资主要靠借贷资本，以保护国内工业。出口导向型战略实施后，东道国政府开始重视跨国企业的国外销售网络，规定产品的外销比例，建立出口加工区等，并通过利用东道国的廉价劳动力来降低产品成本，提高其产品的国际竞争力。可见，东道国贸易政策对吸引国外直接投资具有重大影响。

而采取不同的对外直接投资政策也会对国际贸易产生影响。发达国家在对外直接投资方面主要采取鼓励的措施，通过鼓励向外直接投资，其跨国公司获取了大量的利润，经济和贸易都得到了发展。如何使对外投资最大程度发挥贸易创造效应，实现效用最大化，是工业化阶段国家发展对外投资的重要课题。日本根据本国国情，采取了以比较优势为基础的、顺贸易偏向的投资战略，通过有比较劣势产业部门渐次外移，注重发展与投资东道国的经济合作，注重海外投资产业有效布局，不仅有效维持了母国产业的竞争优势，同时也使那些在本国不具有比较优势的产业向外转移获得了新的竞争能力，从而促进了建立在国内生产和海外生产的双向拉动基础上的贸易的发展。而绝大多数发展中国家对国际直接投资往往采取鼓励和限制相结合的政策，致力于使外资政策促进贸易和投资两者的平衡，以使外资政策能更有效地为本国经济和贸易发展战略服务。

一国政府必须将投资与贸易政策协调一致，才能发挥政策的合力，从而实现政府预期的政策目标。作为投资与贸易相互融合的重要载体——跨国公司，现已将投资与贸易的功能一体化。一些国家的国际贸易政策和利用外资的政策往往是分别制定的，它们各自具有多重目标，这些目标之间既可能交叉重合，也可能相互矛盾，同时可能还会受到不同的近期目标和衡量标准的影响，所有这些因素常常导致国际贸易政策和利用外资的政策并不协调。而这种不协调的后果或是阻碍国际贸易的发展，或是影响利用外资的效果，最后均影响政府预期政策目标的实现。比如单独地实行贸易限制政策而不实行外资限制政策，就难以实现改善国际收支（如贸易收支）逆差的政策目标。因为政府通过对进口商品征收高关税或建立非关税壁垒限制了进口，但进口替代型外国投资的增加却又导致了资本品或中间品进口的增加，贸易收支仍得不到改善。同样，如果国际直接投资受到限制，国际贸易没有受到限制，限制国际直接投资的政策就不能发挥作用，国际贸易就会替代对外直接投资。例如，如果政府对某个行业限制外国直接投资，但是不限制对该类商品的进口，那么就可能导致该商品进口的增加。

三、不同情形下国际贸易与国际直接投资相互促进的条件

在不同情况下，国际贸易和国际直接投资的关系不一样。与第三章第三节相对应，以下分情况讨论不同诱因引发的国际贸易和国际直接投资相互促进的条件。

（一）绝对优势诱发情形下的条件

1. 当一个国家的产品具有自然资源禀赋的绝对优势时，既要考察目标市场国的贸易政策框架，又要考察本国的经济发展水平和发展阶段。如果生产国经济发展水平较为落后，或者处于经济发展的初级阶段，自然资源禀赋优势是生产国唯一可利用的资源优势。如果目标市场国采用的是自由贸易政策，则生产国应鼓励出口贸易，是否实行限制性的对外直接投资政策，则视具有优势的自然资源的投资成本而定。如果目标市场国采用的是保护贸易政策，则生产国应鼓励对外直接投资来规避贸易壁垒，或通过外交途径获取出口配额。如果生产国经济发展水平较高，经济实力较强，则对其自然资源禀赋的绝对优势产品的出口应逐渐实行限制性政策，通过投资使自然资源禀赋的绝对优势转化为技术的绝对优势，因为自然资源禀赋的优势是不可持续的，不可作为长期依赖的发展之源。

2. 当一个国家的产品具有劳动力资源禀赋的绝对优势时，则需要拓宽海外市场，提高该国的就业率更有利于充分利用该国丰富的劳动力资源，发挥其优势。本国采取什么样的贸易和投资政策取决于目标市场国采用的政策。如果目标市场国采用的是自由贸易政策，则生产国应选择鼓励出口贸易政策，并配合适当限制的对外投资政策。如果目标市场国采用的是弱贸易保护政策，生产国仍可通过货币贬值等办法来扩大出口。如果目标市场国采

用的是强贸易保护政策，则生产国必须实行鼓励对外直接投资的政策以绕过关税和非关税壁垒，并进行劳动输出，以便在目标市场国继续使用具有优势的劳动力资源。但如果东道国设有投资壁垒，投资国则应与东道国达成某种协议，如给予进口配额，扩大两国之间的贸易额。

3. 如果一个国家的产品具有资本和技术的绝对优势，该国的经济发展水平多处于较为发达的地位。此时应该采取扩张的出口贸易政策和对外直接投资政策。市场开拓前期先采用鼓励的贸易政策，随后实行激励的直接投资政策。贸易带来的市场的扩大和外汇的积累将为直接投资的实行奠定良好的基础。

（二）比较优势诱发情形下的条件

根据比较优势理论，如果各国都选取自己具有相对比较优势的产品参与国际贸易，每个国家都会从贸易中获利。因此，各国之间应实行国际分工，采取自由贸易政策。但是，如果各国在此基础上，按照“取他国之长补本国之短”的原则开展对外直接投资，能使各国的总体利益获得进一步增大，而且使各国生产的产品最终都获得了综合的、技术含量高的绝对优势。因此，各国在市场开拓阶段，应实行鼓励性的出口贸易政策，在完成市场开拓的任务之后，应实行激励性的对外直接投资政策；对从他国进口的贸易产品应实行自由贸易政策，对来自他国的直接投资应实行鼓励性的引资政策。在保护贸易情形下，各国选择具有比较优势的产品开展对外直接投资，最终仍旧会创造和发展国际贸易，形成自由贸易趋势。这表明保护贸易政策框架最终将被打破，自由贸易是国际经济关系发展的必然趋势。这应当成为各国进行国际贸易和国际直接投资政策选择的重要依据，使得国际贸易和国际直接投资能相互补充，加强对国际冲突的平抚和对国际合作的促进作用。

（三）需求偏好诱发情形下的条件

如前文所述，需求偏好诱发的国际贸易和国际直接投资往往发生在经济发展水平相近的国家或人均收入水平相当的国家间，即存在重叠需求的国家间。两国消费偏好越相似，则其需求结构重叠的部分越大，贸易量也就越大，品质处于需求重叠范围的商品，两国均可进口和出口。国际化经营往往是循序渐进的形式，由国内贸易延伸到对国际市场的贸易，互为进出口国或互为投资国和东道国。当各国都实行自由贸易政策和鼓励直接投资的政策时，贸易和直接投资能达到相互促进的发展效果。

本章小结

国际贸易和国际直接投资都对国际冲突具有两面性，既会引发国际冲突又会消减国际冲突。第四章用理论模型推导了国际贸易和国际直接投资影响国际冲突的机制，第五章中用数据做了实证检验，证明国际贸易和国际直接投资对国际冲突的净效应为负，即它们可以消减国际冲突。如何能尽量摒除国际贸易和国际直接投资对国际冲突的引发效应，充分发挥它们对国际冲突的消减效应，本章进行了论述。本章讨论了国际贸易和国际直接投资消减国际冲突的现实最优条件。

首先分析了国际贸易消减国际冲突的现实最优条件。第一，两国间具有对称的贸易关系。此时中断贸易的威慑作用最强，贸易对称的国家间若发起冲突则对峙时间长、成本高。第二，两国同属区域经济合作组织成员。区域经济合作组织增强了国家间的利益联系；它们之间的贸易使发起冲突的成本增加；区域经济合作组织成员国间的贸易具有更好的外溢效应；区域经济合作组织能在成员国间建立对话机制来协商防止对抗发生，因此有利于在敌对公开爆发之前解决国家间的紧张关系。第三，进口需求弹性或出口供给弹性小的商品的贸易消减冲突的作用更好。战略商品是这类商品中的一个典型，战略商品的贸易对国际冲突的消减作用较大。其次，分析了国际直接投资消减国际冲突的现实最优条件。各国在制定投资政策时，一方面要注意不侵害别国利益，另一方面又要维护自己的利益；国际投资活动需要得到有效的管理；国际投资的协调也要从双边、区域、多边全面展开。在这样的条件下，国际直接投资可以更好地发挥平抚国际冲突，促进国际合作的作用。最后，本章分别对绝对优势诱发、比较优势诱发、需求偏好诱发的情形下国际贸易与国际直接投资如何能相互促进对国际冲突的消减作用进行了讨论，说明自由贸易政策和鼓励直接投资的政策可以使国际贸易和国际直接投资更好地相互补充和促进，从而加强二者共同对国际冲突的消减作用。

第七章　本研究对中国的启示

第一节　中国目前所面临的国际环境

一、中国所面临的国际环境

当前的国际环境总体局势平稳缓和，但局部有动荡或冲突，我国在当前的国际环境下应认清自己的位置，应对国际环境带来的挑战。

（一）国际局势保持总体和平与稳定态势

大国关系继续以合作为主并保持相对稳定。美欧、美俄之间因伊拉克战争出现的矛盾有所缓和，虽然双方之间深层次的矛盾和分歧并未消除；中美关系在台湾问题、经贸问题等方面面临新的考验，但双方的合作领域与共同利益仍在扩大，双边关系中的相互依存性进一步加强；中俄、中欧战略伙伴关系进一步巩固，合作关系继续加深；中日政治关系虽然因日本政界对“二战”的态度、双方领土争端等问题受到较大干扰，但双方经贸合作、文化交流和民间往来仍然高潮迭起，中日友好与合作日趋成熟，双方关系发展大势已不为局部问题所左右；中印政治与经济关系均保持积极态势，对促进地区的和平与发展具有重要意义。相对稳定的大国关系，反映出和平与发展是当今世界不可逆转的主流。

（二）局部性的冲突与紧张有所加剧

当前国际形势亦有相当严峻的一面。地区性的战争和暴力冲突此起彼伏，局部性的动荡与紧张有所加剧，和平与发展面临的问题依然严峻。局部性的战乱、动荡与紧张已从三个方面对世界和平、稳定与发展带来严重冲击。其一，国际冲突不同程度地破坏甚至摧毁了有关地区的和平与发展环境。这不仅使一些地区的人民生活被置于水生火热之中，而且使这些地区与世界其他地区的发展水平差距拉大，导致世界发展不平衡问题进一步加剧。其二，国际冲突间接影响了整个世界的发展环境。如今国际石油价格居高不下，相当程度上是由于国际冲突和国际地缘政治因素中的不确定因素引起的。而石油价格的大幅上涨给世界政治和经济又带来了不利影响：对石油资源的争夺加剧；全球经济增长率下滑；对国际金融市场造成了较大的冲击；公司和消费者信心下降，从而改变了投资、储蓄和支出结构的水平，这些不利影响又成为了新的国际冲突爆发的诱因。其三，国际冲突增添了大国关系中的隐患，从而威胁整个世界的和平与稳定。当今许多局部冲突和地区争端都发生在国际地缘政治和地缘经济的敏感地带，直接或间接牵动世界主要国家在这些地区的战略利益。事实上，在当今多数地区性冲突的背后，都存在不同大国之间的利益角逐。比如，中日之间日前爆发的钓鱼岛冲突，名为领土之争，实为美国主导的经济之战，是经济利益在主导和驱使。大国利益关系的复杂化，对大国关系构成负面冲击，在一定情况下甚至有可能引起大国之间矛盾的激化，不利于世界的和平与稳定。

二、国际环境对我国的影响

对我国来说，对当前国际形势进行评估，最重要的问题是如何认识国际环境对我国在构建和平稳定的多边环境这个重要战略机遇期的影响。这既涉及对当前形势的判断，也涉及对未来局势变化的认识和把握。

首先，世界经济保持繁荣稳定、我国经济维持高速增长，加大了对世界各种资源的需求，促使世界经济利益分配格局加快调整，有关国家之间为争夺资源和市场、解决生态环境问题产生的摩擦增多。这使我国在未来的发展和开放过程中面临更多的压力，也对我国继续参与国际竞争提出了更高的要求。我国需要在自身经济增长方式和对外合作方式等方面进一步开拓进取，积极倡导和平、发展、合作，积极应对这些问题，处理好维护我国自身利益与促进全人类的共同利益之间的关系。同时，要在复杂多变的国际矛盾和日趋激烈的国际竞争中争取主动，推动建立更加公正合理的国际秩序，积极寻求存异基础上的求同、多元基础上的共识、共赢基础上的合作。

其次，重视和解决一些潜在冲突的隐患。由于国际环境的复杂性，我国面临一些潜在的冲突威胁，这些威胁会对我国社会的稳定和经济的发展造成不利影响。美国兰德公司 2004 年发布了一份名为《威胁中国经济的潜在因素》（“Fault Lines in China's Economic Terrain”）报告的摘要。该报告分析了中国经济在未来十年中将会遇到哪些主要的挑战或负面影响。该报告认为：失业、贫困和社会动荡，腐败，艾滋病与其他传染病，水资源与污染，能源消耗和价格变化，金融系统和国有企业的脆弱，外国直接投资的萎缩，台湾问题和其他国际冲突这八个方面的因素有可能在未来十年中贻害中国经济增长。表 7-1 预测了当上述八种情况中的每一种单独发生时，对中国经济增长的拖累效果，其中台湾问题和其他国际冲突对中国经济的削弱作用非常显著，达到1%～1.3%。这说明国际冲突对我国平稳快速发展的负面影响非常大，我国需重视和解决这个问题。

表 7-1 每一不利因素单独发生时对中国经济影响的估计（2005—2015 年）

不利因素类型	每一因素单独出现时对中国经济的削弱作用（百分点/年）
失业、贫困和社会动荡	0.3～0.8
腐败	0.5
艾滋病与其他传染病	1.8～2.2
水资源与污染	1.5～1.9
能源消耗和价格变化	1.2～1.4
金融系统和国有企业的脆弱	0.5～1.0
外国直接投资的萎缩	0.6～1.6
台湾问题和其他国际冲突	**1.0～1.3**

资料来源：兰德公司．威胁中国经济的潜在因素［M］．美国国防部和Smith Richardson 基金会，2004．

第二节 有潜在冲突危险的国家及地区关系

一、中美关系

中美冲突主要体现在美国霸权上，但两国之间的合作远大于冲突，这说明虽然中美之间存在着许多结构性矛盾，但整体发展态势还是良好的，两国都是经济理性的国家。

（一）中美冲突

中美关系不仅具有大国间传统权力政治的内容，还反映着当今世界发展中国家与发达国家、东方文明与西方文明、社会主义国家与资本主义国家关系的发展演变，因而，中美之间的冲突，主要是由于中美两国在国际体系权力结构中位置不同及利益需求的差异而产生的矛盾，并在一个时期以来主要表现为中国力量上升、利益需求扩展与美国维护其霸权安排的深刻冲突。具体来说，中美冲突主要体现在政治、经济和安全三个方面。

首先，美国强化霸权与中国政治影响迅速上升之间存在冲突。随着现代化进程和对外联系的增多，中国在世界政治中占据着日益重要的位置，这就要求中国发展与世界各国的关系，广泛参与各种国际组织，参与国际政治议程的讨论与制定，乃至提出符合自己利益的世界政治新秩序，以便为实现和保障中国在世界日益扩展的国家利益服务；在地区范围，中国则必然要积极开展各类安全、政治领域的合作与对话，创建和参加地区组织，扩大在本地区的影响力，以便为国家发展创造良好的周边环境。然而，中国在地区和世界范围影响的扩大，将不可避免地与美国的霸权相遇。美国单极地位的加强，必然使其他大国的权力受到限制。中国受到来自霸权国家的防范遏制乃至整个国际体系的惯性制约。多年来中美之间在人权、台湾地位和地区安全结构等诸多领域的交锋都是美国强化霸权与中国政治影响迅速上升之间深刻矛盾的反映。

其次，美国维护世界经济主导地位与中国拓展发展空间的矛盾。中美经济矛盾的深层原因是两国经济发展阶段的差异和在世界经济中的地位不同所带来的经济利益冲突。在经济全球化的大背景下，中美两国经济的发展和繁荣受到越来越大的外部影响和制约。这不仅要求它们增强自身实力以抵御外部的负面影响，而且要求它们通过广泛参与世界经济活动，为自身经济的发展争取尽可能多的空间和机会，然而这却使得这两个巨型经济体在国际经济体系中较易发生碰撞和摩擦。同时，中国的经济总体实力、外交影响以及国防能力持续地高速增长，也使美国产生了不安和焦虑，美国想方设法来维护其经济霸主的地位，这势必也会加剧与中国之间的矛盾。

最后，美国追求绝对安全与中国维护日益扩展的安全利益方面存在矛盾。由于在国际体系中的不同地位和不同的历史发展过程，中美各自对安全的需求和理解有着很大不同。“冷战”后，虽然中国遭受大规模侵略的威胁不复存在，但是周边的安全环境仍不容乐观。边境纷争、热点冲突、海洋纠纷都对中国的主权和安全造成了严重威胁。20 世纪 90 年代中期以后，随着台湾地区独立倾向渐长，中国的主权和领土完整面临着前所未有的挑战。除了维护原有的安全利益之外，经济的发展和对国际事务的参与越来越要求中国能有效地维护日益增长的安全利益。因此，中国对国家领土完整和主权安全、对周边的和平稳定、对关系国家发展的海外利益都十分重视。而作为世界体系中的霸权国美国则要追求所谓的绝对安全，美国高度警觉其他国家对其安全地位的任何挑战，不会容许这类挑战破坏建立美国统治下的霸权战略。中美安全观念和需求不同所导致的矛盾成为中美关系中最不易解开的心结，也是引发两国冲突最危险的导火线。

从哈佛大学政策研究中心开发的 VRA 数据中提取中国和美国间发生的事件数据，将事件值按月加权并绘成图表，如图 7-1、图 7-2、图 7-3 所示，分别反映了 1990—2004 年中国对美国发起的合作与冲突、美国对中国发起的合作与冲突、中美关系状况①。由图可以看出，近年来中国对美国寻求的合作要多于美国对中国寻求的合作，这说明中国重视与美国的和平友好的关系，中国的崛起也会以和平的方式崛起。另外从图 7-3 可以看出，中美之间的合作远大于冲突，说明虽然中美之间存在着许多结构性矛盾，但整体发展态势还是良好的，两国都是经济理性的国家。

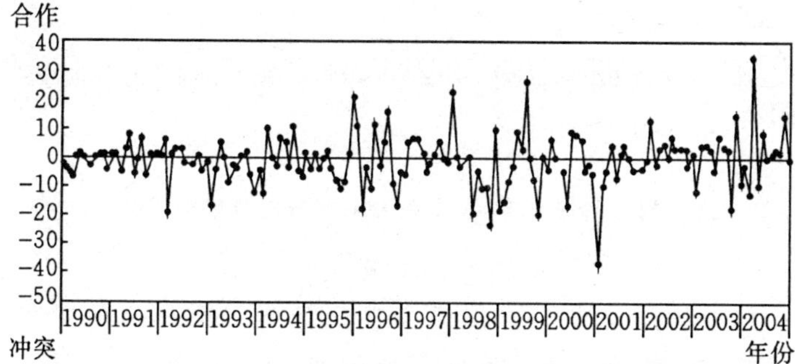

图 7-1　中国对美国发起的合作与冲突（1990—2004 年）

资料来源：根据哈佛大学政策研究中心开发的数据整理绘制。

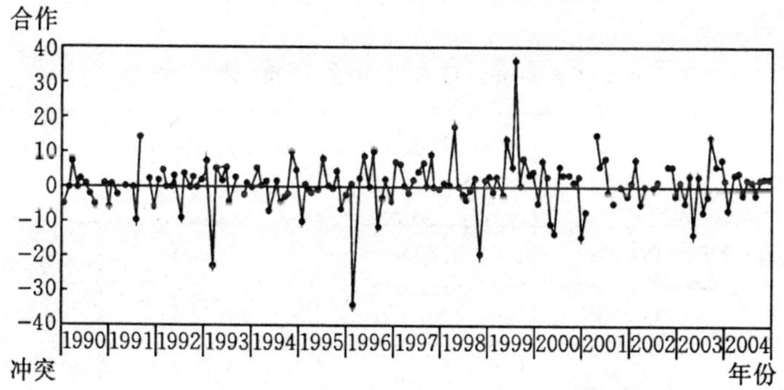

图 7-2　美国对中国发起的合作与冲突（1990—2004 年）

资料来源：根据哈佛大学政策研究中心开发的数据整理绘制。

① 由于哈佛大学政策研究中心开发的数据只更新到 2004 年，因此本章中反映中美、中日、两岸冲突合作关系的图都只绘到 2004 年。

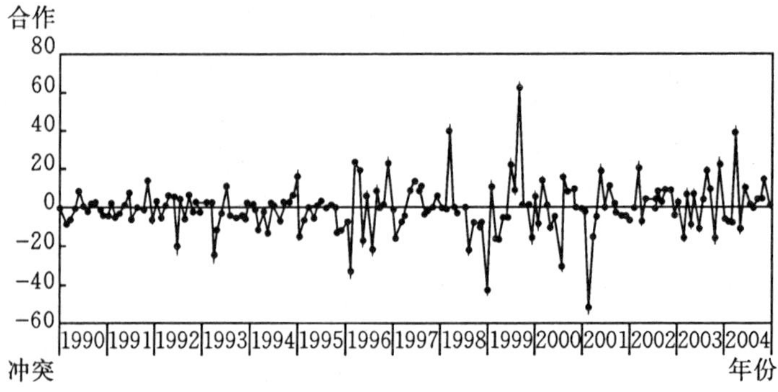

图 7-3 中美关系（1990—2004 年）

资料来源：根据哈佛大学政策研究中心开发的数据整理绘制。

（二）中美贸易和直接投资合作对冲突的影响

中国和美国近十几年来贸易和直接投资的发展如表 7-2 所示[①]。虽然中美贸易的不平衡问题造成了一些贸易摩擦和纷争，但中美经贸发展总体来说对两国政治冲突的消减起到了不可忽视的作用。

表 7-2 中美贸易和直接投资（1990—2004 年）（万美元）

年份	进出口总额	中国对美国的出口总额	美国对中国的出口总额	美国对中国的 FDI
1990	1176779	517946	658833	45599
1991	1420150	619367	800783	32320
1992	1749454	859380	890074	51944
1993	2765200	1696473	1068727	206785

① 为与冲突合作数据的年份相对应，本章中反映中美、中日、两岸的贸易和直接投资状况表格中的数据也只包括 1990—2004 年。

续表

年份	进出口总额	中国对美国的出口总额	美国对中国的出口总额	美国对中国的 FDI
1994	3543190	2146148	1397042	249080
1995	4083179	2471350	1611829	308373
1996	4284073	2668549	1615524	344417
1997	4901640	3271506	1630134	323915
1998	5493699	3797587	1696112	389844
1999	6142519	4194691	1947828	421586
2000	7446237	5209922	2236315	438389
2001	8047945	5427951	2619994	443322
2002	9718343	6994579	2723764	542392
2003	12633286	9246677	3386609	419851
2004	16959858	12494203	4465655	394095

资料来源：根据相关年份《国际统计年鉴》整理。

首先，中美经济利益能超越其他非生死攸关方面的利益冲突，降低其他冲突发生的几率。虽然中美在经贸方面存在着不少纷争，但这恰恰说明中美都是经济理性的国家，都将经济利益摆在国家利益的核心地位。经济因素的意义不论大小都将全面体现于政治决策之中，这是经贸关系演绎出的政治内涵，也是美国抑制“台独”的强大内驱力。正是由于中美经贸利益是中美共同利益所在，因此经贸利益成为政治考量中不能被忽略的重要因素。台湾问题并不是美国生死攸关的核心国家利益，中美之间经济关系的重要性远远超过美国对台湾问题的关注，中美之间的贸易和直接投资这类经贸合作可以缓解其他方面的冲突。中美两个大国需要扩大合作推动这种最重要的双边关系继续发展，合作有其内在的客观要求。中美关系取决于美国，也取决于中国。而中国驾驭这种关系的实际能力，取决于自身发展实力和中美之间相互依赖的程度。中美关系越密切，问题、摩擦也会越多，这是正常的，关键在于妥善处理分歧。传统的赤裸裸的开疆拓土、创造霸业的时代早已过去，而一种紧密的经贸关系已经有可能缔造一种基于宽容、理解与顾忌基础上更为依赖的政治、外交与安全关系，中美之间这种贸易和直接投资合作的迅猛发展大大压缩了美国发起冲突的政治冲动。

其次，中美经贸合作有较大的发展空间，能稳定双边关系。从双边层面上看，中国是最大的发展中国家，美国是最大的发达国家，经贸合作是“冷战”后中美关系发展最快、最具活力的领域，两国经济存在很强的互补性。在双边政治和安全关系起伏不定的背景下，贸易和投资合作带来的利益能对双边关系起到稳定作用，发挥“压舱石”的作用。在中国力量上升的过程中，美国对华政策中的两个要素——经济交往与战略防范，将长期共存并互相博弈，而随着美国对华经济依赖程度的加深，前者对美国对华政策的影响会逐步增大。对此，美国新保守主义者、曾担任副总统切尼办公厅主任的阿伦·弗里德伯格（Friedberg，A.）担心，“因接触政策会导致获利而易于持续下去，（针对中国崛起的威胁而）采取防护措施并不容易”①。实际上，中美这两大经济体

① 秋田浩之．是加深相互依赖避免矛盾还是加强日美印同盟面对威胁——美国的对华观依然摇摆不定［N］．日本经济新闻，2006-02-15.

日益上升的相互依存所演绎的政治内涵是非常丰富的，它甚至能够有效避免中美两国在双边关系中最棘手的台湾问题上走向冲突[1]。

最后，中美在经贸领域相互依存关系对称性的增强，更好地消减了冲突。中美经贸相互依存关系出现了两个重要的特点：一是相互依存结构向多元化变化。过去的经贸关系中，中国对美国市场的依赖极为突出，现在虽然中国依赖美国市场的基本格局未变，但美国也在劳动力、市场和金融方面越来越依赖中国；二是相互依存的对称性加强。过去美方总认为，在双边经贸关系中，中国需要美国超过美国需要中国，双方的依存关系是不对称的。如今，由于中美经贸关系出现的新格局，美国对中国的需要大大增强，中美依存关系更趋对称。相互依存理论认为："依赖性较小的行为体常常将相互依赖作为一种权力来源，在某问题上讨价还价甚至借之影响其他问题。"[2] 以往美国常常以经济杠杆在人权、核不扩散等问题上向中国施压。现在随着中美相互依存对称性的增强，中国在双边关系中的博弈能力得到提升，在双边互动中的地位不断增强，美国在非经贸问题上对华使用经济杠杆的可能性和有效性都会下降。正如第六章分析的结论，两国经贸关系对称时，经贸合作可以更好地消减冲突。

---

① 傅梦孜在《中美关系中的经济政治学》一文中曾提到，"一旦台海危机可能引发中美兵戎相见的图像开始出现在华尔街投资者的雷达屏，只要全球金融市场察觉到中国可能抛出美国政府债券，只要跨国企业领导人认真想象一下美国经贸制裁中国内地导致的全球供应链的严重瘫痪，都足以引发全球股市、债市的全面崩盘，届时世界各国领导人、大企业家都将要求白宫采取断然措施拆去引爆战争的引信"。

② 罗伯特·基欧汉，约瑟夫·奈. 权力与相互依赖 [M]. 北京：北京大学出版社，2001. 11.

二、中日关系

除了历史遗留问题导致的冲突外，中国国力的迅速增强也引起了日本的恐慌。中日之间虽然冲突多，但合作也很多，冲突和合作的程度都比较剧烈。进入21世纪后，日本对中国的冲突增多，合作减少，说明中日关系需要调解与缓和。中日之间贸易和投资的合作可以对两国间关系产生良好的影响。

（一）中日冲突

第一，中日历史问题致使中日关系的政治互信基础脆弱。中日民众在历史问题上的理解差距巨大，致使中日关系的政治互信基础脆弱。在日本侵华战争中，中国军民死伤了3500万人，其中被日本法西斯杀害了2100万人，直接经济损失达1000亿美元，间接经济损失达5000亿美元①，这在中国人民心中种下了深仇大恨。但在老一辈政治家的努力下，中国人民免除了日本巨额的战争赔偿，希冀中日两国人民世代友好。然而，日本却否定和篡改侵略历史，对日本社会舆论和国民意识造成错误的导向。14名罪行累累的甲级战犯的牌位被摆放在靖国神社里享受公开祭拜。作为国家领导人的小泉连续五年参拜靖国神社，在清楚知道中、韩等亚太国家的明确态度情况下，采取十分强硬的对抗姿态寻求"正面突破"，以博得日本民众的高支持率。许多日本人忽视甚至否认其发动的侵略战争给受害国，特别是给中国人民带来的深重灾难。此外，日本还称中国煽动"反日"情绪，是"揪着历史问题不放"。据统计，有51%的议员认为政府反省已经足够②。历史

① 孔泉．例行记者会上答记者问［EB/OL］．http：//www.fmprc.gof.cn/chn/xwfw/fyrth/tl 197024.htm，2005-05-24.

② 孙秀萍．日本议员看历史心态复杂［N］．环球时报，2006-06-26.

问题及后来篡改历史的行为影响中日人民间的感情，使两国政治互信基础变差。一旦有新的矛盾产生，比如钓鱼岛问题，那么历史问题导致的民族情结会立刻爆发，成为引爆中日冲突的导火索。

第二，中日结构性矛盾日益突出深化了中日冲突。中日除了俄罗斯石油管道的竞争外，围绕东海油气资源开发和海洋划界问题的纠纷也给双方关系带来新的挑战。中日在能源领域的竞争与领土、海洋划界问题交织在一起，使两国关系出现新的结构性矛盾和战略风险。此外，中日关系还受到中国与日本综合国力差距缩小而产生的矛盾的影响。中国经济规模和对外经济影响力在2002—2008年之间完成了对日本的超越，使得日本失去了东亚第一大经济体的地位。中国经济的蒸蒸日上与日本经济的长期低迷形成鲜明对照，这种实力结构地位的转换造成日本官民心里的不快。战后经济重新崛起带来的对华优越感开始消失，而曾经的对华自卑感开始复苏。在两种情感消长交织与纠缠中，一种新的情绪即厌华情绪悄然而生。日本率先提出“中国威胁论”并不断地加以渲染，从中国军费增长的军事威胁，到能源需求的能源威胁。日本民众对中国的担心、防范心理、不信任感乃至敌视思维明显增长，被右翼势力所利用，因而不断地制造出许多事端，一些正常往来也被打上怀疑的烙印。对日本来说，中国的崛起使日本自明治维新以来在亚洲第一次遇到了强有力的竞争对手。日本从地缘政治的角度出发，以岛国文化孕育出来的狭隘意识和心理，不能也不愿意认同身边一个强大的中国，阻止乃至遏制成为其对外战略与政策的自觉选择。正是对别国意图的不确定性，才产生了疑惧和不安全感，而相互疑惧、作用和反作用所致恶性循环的结果便是自我挫败，进入了罗伯特·杰维斯（Jervis，R.）所说的不断上升敌意的“螺旋模式”(spiral model) 中。

第三，中日对东亚主导权的争夺引发了中日间更多矛盾。在东亚地区内部，中国与东盟的合作启动早，发展迅速，中国初步确立了联系“海洋亚洲”与“内地亚洲”的纽带地位；韩国与东盟达成建立自贸区的初步共识，在东亚地区合作上，以中韩为起点的两个合作轴悄然而成；与此同时，中韩经贸关系深化，而东盟与区内外全面构建合作网，且极力主张“主驾驶权”。这些都使日本痛感其在东亚的话语权与自身经济地位严重不符。尤其令日本感到焦虑的是，长期以来它占据的东盟对外经济关系的主导地位正被中国所取代，再加上东北亚经济合作由于中韩的崛起和相互合作而具备了自身的动力，日本认为自己似乎在东北亚和东南亚同时失去了经济合作的主导地位。于是，日本主动采取对美国“一边倒”的外交路线，在日美同盟的框架内最大限度地寻求和扩张自身的自主权。于是，日美安保新指针、有事三原则、周边事态法案、伊拉克派兵、宙斯盾防卫系统、先发制人等接二连三推出。日本不顾一切地扩大自己的自主权，并意欲牵制中国，这种局面使“反日和反华情绪增长”①。

从哈佛大学政策研究中心开发的 VRA 数据中提取中国和日本间发生的事件数据，将事件值按月加权并绘成图表，如图 7-4、图 7-5、图 7-6 所示，分别反映了 1990—2004 年中国对日本发起的合作与冲突、日本对中国发起的合作与冲突、中日关系状况。由图可知，中日之间虽然冲突多，但合作也很多，冲突和合作的程度都比较剧烈。进入 21 世纪后，日本对中国的冲突增多，合作减少，说明中日关系需要调解与缓和。

① Japan and China Need New Framework [N]. Japan Times，2002-09-30.

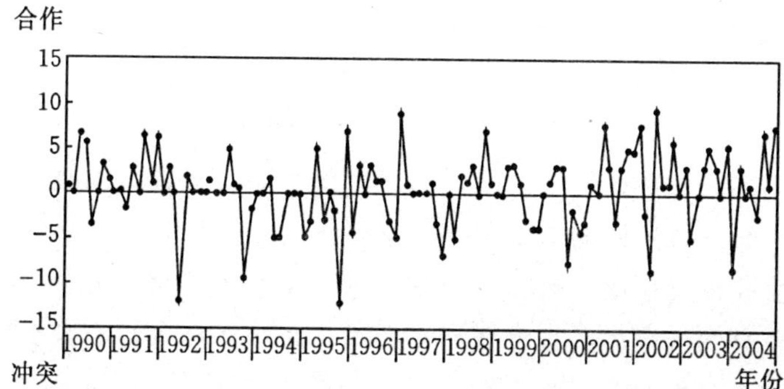

图 7-4　中国对日本发起的合作与冲突（1990—2004 年）

资料来源：根据哈佛大学政策研究中心开发的数据整理绘制。

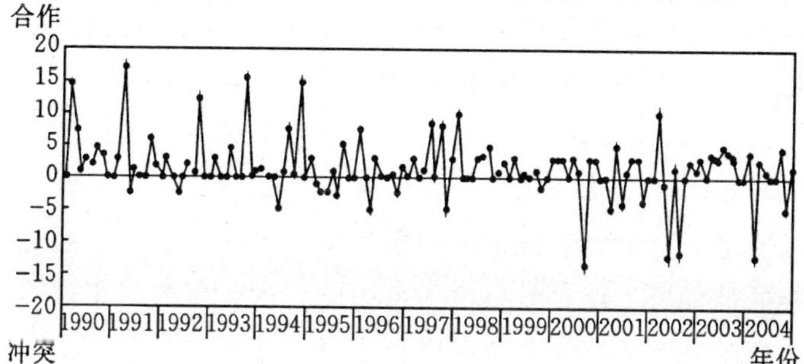

图 7-5　日本对中国发起的合作与冲突（1990—2004 年）

资料来源：根据哈佛大学政策研究中心开发的数据整理绘制。

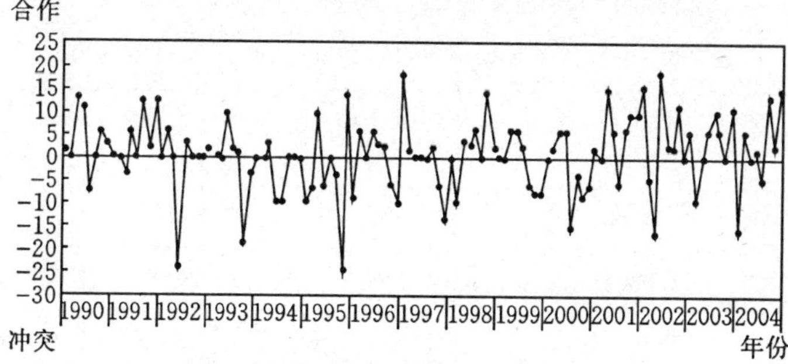

图 7-6　中日关系（1990—2004 年）

资料来源：根据哈佛大学政策研究中心开发的数据整理绘制。

（二）中日贸易和直接投资合作对冲突的影响

第一，中日间贸易和直接投资的合作奠定了“互惠”的基础。就中日的战略互惠关系而言，除了中日两国的核心利益外，也包括两国的共同利益。国与国之间的关系，最根本的是共同利益。中日双方共同的基本利益，是经济的相互依存。中日之间的经济合作发展速度之快、规模之大超乎人们的想象，如表 7-3 所示。贸易和投资关系是中日关系的主流，也是两国最大的共同利益。鉴于日本经济复苏重新起飞的势头，日本未来必将更为强烈地寻求双方经贸合作的进一步稳步增长。蓬勃发展的中国经济，无疑将成为激活日本经济、拉动日本经济起飞的不可缺少的积极因素之一。考虑到其经济利益，日本不可能轻易放弃具有巨大潜力的中国市场、廉价产品和劳动力，或忽视高速发展的中国经济在激活与拉动日本经济复苏并重新起飞中的潜在力量。在现期的巨大红利之下，历史问题带来的影响暂时被搁在一边。在这个互相依存的世界里，现实的利益关系影响巨大。随着越来越多的日本企业把未来市场目标锁定在中国市场，或者越来越多的中国买家到东京、大阪采购，使两国的利益更多地呈现一致，建立在经济与贸易领域的合作奠定了中日“互惠”的基础。

表 7-3 中日贸易和直接投资（1990—2004 年）（万美元）

年份	进出口总额	中国对日本的出口总额	日本对中国的出口总额	日本对中国的 FDI
1990	1659900	901103	758797	50338
1991	2028313	1025158	1003155	53250
1992	2536117	1167871	1368246	74827
1993	3906530	1577665	2328865	136137

续表

年份	进出口总额	中国对日本的出口总额	日本对中国的出口总额	日本对中国的 FDI
1994	4789389	2157312	2632077	208616
1995	5747122	2846669	2900453	321247
1996	33905829	3087448	2918381	369214
1997	6083340	3183858	2899482	432647
1998	5789918	2969199	2820719	340036
1999	6617398	3241060	3376338	297308
2000	8316399	4165431	4150968	291585
2001	8772783	4494052	4278731	434842
2002	10189984	4843384	5346600	419009
2003	13355683	5940870	7414813	505419
2004	16783577	7350904	9432673	545157

资料来源：根据相关年份《国际统计年鉴》整理。

第二，中日间贸易和直接投资的发展可消除“中国威胁论”疑虑。中日两国战略资源各有优劣，但具有较强的互补性。中日两国不同的资源禀赋形成不同资源的比较优势，有利于双方通过进出口贸易获取比较利益，这是贸易双赢的条件和基础。中国有丰富的人力资源与广阔的市场，而日本有先进的技术和管理能力。中国向日本出口主要包括农副产品、纺织品、矿物燃料及家具等劳动密集型商品，而日本主要向中国出口电子类、机械类、汽车等技术密集型商品。如果两国之间能够很好地合作，日本就能更加容易地得到中国的市场，这对其经济的拉动将会起到巨大的作用。相反，如果日本不能很好地利用中国市场，甚至有可能进一步陷入经济衰退之中。同样，中国的产品也需要日本的市场，也需要日本的投资来发展中国经济。目前日本是中国最大的农产品出口国，如果中日关系恶化，同样也对中国不利，因此，两国之间应在寻求共同利益的层面上加大合作力度，以实现经济双赢的良好局面。中国的发展和崛起不论是现在还是将来都不会对日本产生危害，相反还会给日本和世界其他国家带来新的机会。

第三，中日间贸易和直接投资的发展可促进中日人民的情感交流。中日经贸领域的合作可以外溢到其他合作层面，比如文化的交流、民间交流。中日两国是东亚邻国，且同受儒家文化的深刻影响，但在近代，日本却广泛吸纳了西方文化，因此在文化认识上必然有所不同。随着中日经贸合作的加强，两国对彼此文化更深入的了解，是两国之间发展友好合作关系的纽带。如民间的交流——由于双方贸易互通，且多有到对方国家投资设厂的情况，民间的交流会不可避免地增加。民间交流是一种能够很好地发展两国民间友谊，且又是国家政府之间的交流所无法取代的方式。在这样一个历史关键时期，民间交流可促进两国之间友好合作局面的形成。两国之间民间交流平台的创造，民间交流合作的定期与不定期论坛的建立，可增加两国之间青少年交流的机会，为双方留学提供便捷的方式等。在这些交流方式的促进下，两国间的误解可逐步消除，敌意会化减，而不致使两国处于剑拔弩张的状态。

三、两岸关系

内地和台湾的政治关系经过几个发展阶段，在当前处于比较紧张、僵持的阶段。但两岸的贸易和直接投资发展平稳，尤其是贸易量飞速增长。贸易和直接投资的合作对两岸冲突的缓解产生了许多积极影响。

（一）两岸冲突

从20世纪90年代初至今，两岸政治关系走过了起伏跌宕的18年，其间有重大的突破与进展，出现过令人充满期待的契机，但也屡陷危机与困境，并且两岸关系至今还处于难以化解的僵局。从哈佛大学政策研究中心开发的VRA数据中提取内地和台湾间发生的事件数据，将事件值按月加权并绘成图表，如图7-7、图7-8、图7-9所示，分别反映了1990—2004年内地对台湾发起的合作与冲突、台湾对内地发起的合作与冲突、两岸关系。

两岸的矛盾呈现多元化的特点，有统一和独立的矛盾、制度差异的矛盾、两岸在国际生存空间和经济、文化、人员交流交往过程中出现的各种利益矛盾等，其中“统独”矛盾是主要矛盾。“台独”活动不断升级，严重威胁两岸关系和平稳定发展。台湾问题对中国内地保持和利用重要战略机遇期构成的不利影响呈增大趋势，已成为我国在21世纪国家安全面临的最大隐患，涉台外交在维护中国国家主权和领土完整，应对“台独”分裂势力在两岸关系中制造种种突发性事件的任务与日俱增。

20世纪90年代初，海峡两岸均处于时代的重大变革时期。在内地方面，1992年邓小平发表南巡讲话之后，进入深化改革全面开放时期，内地政经发展均呈现良好的势头，为促进和推动两岸关系发展创造了有利的条件。同一时期，海峡对岸的台湾在内外形势的压力下开始向多元化发展，进入所谓“宪政改革”时期，政治格局及社会生活也随之发生重大变化。这一时期内地和台湾当局在“一个中国”问题上都本着谨慎务实的态度，自觉地将两岸政策界定在这一原则基础之上，这就使两岸关系能够维持一个基本稳定的态势，加上两岸民间交流热潮一浪高过一浪，在此形势下，两岸政治关系也取得突破性进展，如图7-7和图7-8

所示，1992年和1993年内地对台湾发起的合作多，两岸总体合作状况良好。

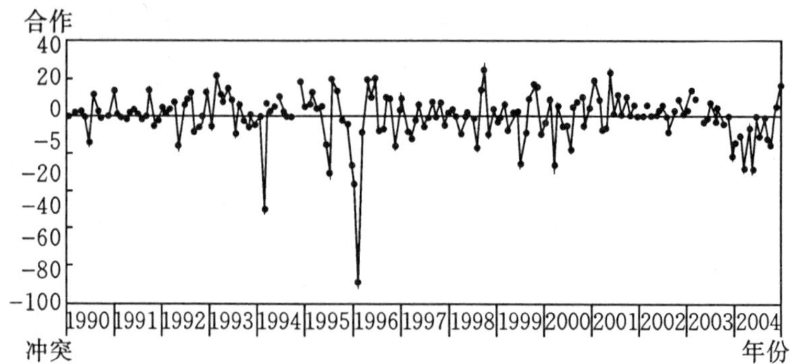

图7-7　内地对台湾发起的合作与冲突（1990—2004年）

资料来源：根据哈佛大学政策研究中心开发的数据整理绘制。

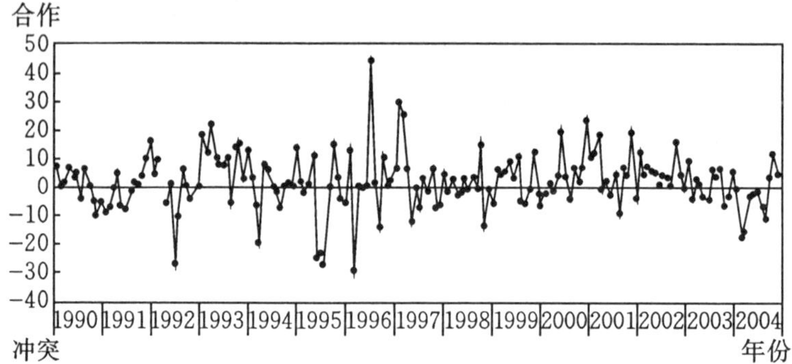

图7-8　台湾对内地发起的合作与冲突（1990—2004年）

资料来源：根据哈佛大学政策研究中心开发的数据整理绘制。

1995年至1996年，李登辉访美，散布分裂言论，公开挑衅“一中原则”，引发“九六台海危机”，两岸关系遭受重创。面对李登辉严重挑衅“一中原则”、公开制造分裂的行径，中国政府向美国发出严正抗议，中国外交部、全国人大、全国政协、国务院台办相继发表声明，再次重申“一个中国”的立场。1995年下半年和1996年初台湾举行“大选”期间，李登辉加紧向美国购买性能先进的武器装备，同时在岛内连续开展针对祖国内地的军事演习，台湾海峡局势骤然紧张。从图7-8可以看出，1995年下半年和1996年上半年，台湾对内地的冲突多且激烈。

中国内地进行的反“台独”反分裂斗争有效地遏止了“台独”分裂势力的气焰，维持了两岸关系大局的基本稳定。1999年“两国论”出台，导致两岸长期陷入政治僵局①。2000年台湾政党轮替后，主张“台独”的民进党上台执政，在岛内全面推行“台独”分裂路线。陈水扁在2002年公然提出“一边一国”论，之后又相继推动“公投立法”、“正名制宪”、“去中国化运动”等，让本已处在僵局中的两岸关系雪上加霜。从图7-9可以看出，2003年和2004年，两岸关系多处于冲突状态。

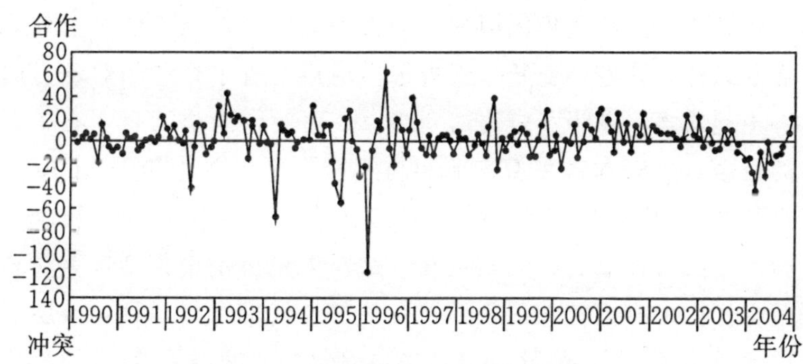

图7-9　两岸关系（1990—2004年）

资料来源：根据哈佛大学政策研究中心开发的数据整理绘制。

① 李登辉大力鼓吹分裂中国的“七块论”，并宣称“要就台湾的国际地位提出更完整的解释”，使两岸关系笼罩上一层阴影。好不容易回温的两岸关系再次急转直下降至冰点，两岸间的政治互信尽毁，两岸政治关系就此陷入僵局持续多年。

（二）两岸贸易和直接投资合作对冲突的影响

在2007年第三届两岸经贸文化论坛上，中共中央政治局常委、全国政协主席贾庆林作了题为《深化两岸经贸文化交流，促进两岸关系和平发展》的演讲，提出要推动两岸人员往来和经贸文化交流以促进两岸关系和平发展。综观这十几年来，两岸的贸易和直接投资都在平稳发展，其中贸易发展的迅速令人瞩目，如表7-4所示。两岸贸易和直接投资的合作对两岸产生了许多积极影响，在一定程度上减少了“台独”冲突带来的敌意，激发了两岸同胞携手合作的热情，促进了两岸关系朝着和平稳定的方向发展。

两岸贸易和直接投资的合作对台湾所产生的积极作用主要有两方面：其一，加速了台湾产业结构的转型与升级。台湾地区劳动密集型产业转移到祖国内地，为台湾地区产业结构的升级创造了有利条件。这些产业转移到祖国内地后节省了企业的劳动力成本、土地成本，获得了较高的利润，从而使台湾地区企业有了更多的资金发展资本密集型产业和技术密集型产业。20世纪90年代末与90年代初期相比，台湾地区的资本密集型产业与技术密集型产业所占比重有了大幅提高，这与大量劳动密集型产业转移到了祖国内地有直接关系。根据台湾“经济部”的估计，传统工业的比重由42％下降到10％左右，高科技产业中的资讯经济比重由14％上升到56％。其二，推动了台湾的经济增长。台湾地区经济的外贸依存度很高，而与内地的贸易占台湾地区对外贸易的比重又很高，海峡两岸之间的贸易已经成为台湾地区经济增长的重要推动力。在过去十几年中，台湾经济增长率能够维持在7.8％左右，其中最为重要的因素在于对内地市场的开发与投资。有关资料显示，两岸经贸在2001—2005年台湾经济增长中的贡献在1%～2%左右，是台湾经济成长的主要动力。

表7-4　两岸贸易和直接投资（1990—2004年）（万美元）

年份	两岸进出口贸易总额	内地对台湾的出口额	台湾对内地的出口额	台湾对内地的FDI
1990	1044880	865443	179437	22240
1991	1507291	1252179	255112	46641
1992	1804176	1550067	254109	105335
1993	2133132	1856843	276289	313913
1994	2493944	2152523	341421	339134
1995	3163194	2667006	496188	316516
1996	3243974	2764729	479244	348202
1997	3557461	2962539	594921	328939
1998	3207633	2597286	610347	291521
1999	3548712	2882135	666577	259870
2000	4432283	3586690	845593	229658
2001	4190436	3390479	799957	297994
2002	5368930	4377494	991436	397064
2003	6702501	5406057	1296444	337724
2004	8869634	6956246	1913387	311749

资料来源：根据相关年份《国际统计年鉴》整理。

两岸经贸活动对内地所产生的积极作用在于：（1）扩大市场。在内地的台资企业的产品出口到第三地，扩大了出口市场，对祖国内地保持出口高速增长起到了重要作用。（2）推动产业升级。台湾地区企业凭借资金与技术优势在祖国内地投资于高科技产业，推动了祖国内地的产业结构升级。（3）丰富了产品种类，提高了消费者福利。内地自台湾地区进口的商品多数属于祖国内地短缺或生产成本较高的商品，如 20 世纪 80 年代的轻工类消费品，90 年代的部分原材料、零部件，2000 年之后的高科技信息产品，因此，台湾地区向祖国内地的出口有助于满足内地对这些商品的需求。(4) 增加就业。台湾地区在祖国内地的投资使祖国内地的劳动力资源得到了更充分的利用，有助于祖国内地缓解就业问题。

多年来，通过贸易和直接投资的发展两岸获得了“双赢”，内地通过吸纳台湾的投资，获得了可观的资金、技术和管理经验；台湾则通过对内地的投资，使失去竞争力的产业顺利外迁，获得了新的发展空间，促进了岛内产业升级。不少学者提出了建立“海峡两岸共同市场”或“海峡两岸自由贸易区”的建议。海峡两岸贸易和直接投资的发展加深了海峡两岸经济相互依赖、相互促进的关系，在一定程度上缓解了两岸的矛盾，抑制了激烈冲突的爆发。

第三节　中国对外贸易和对外直接投资可采取的政策建议

一、推进贸易开放和贸易自由化

从第三章第三节的分析和第四章第二、三节的理论推导可知，在自由贸易条件下，国际贸易和国际直接投资对国际冲突的消减作用比在保护贸易的条件下更有效。中国需要推行贸易开放和贸易自由化来减少潜在冲突。推进中国的贸易自由化进程，扩大开放，是中国为营造和平稳定的多边环境所要采取的措施。

我国推进贸易自由化可采取的政策建议包括：第一，进一步扫除市场准入的障碍。应该着重解决以下几个问题：一是进一步调整关税政策。要进一步降低关税总水平，优化关税结构，削减税率峰值，统一关税政策，逐步取消各种免税待遇。二是进一步削减高贸易壁垒。尤其是我国目前的外汇管理体制还没有达到自由贸易的要求，经常项目下的结汇和售汇限制偏多，非贸易用汇基本上没有放开，外汇市场发育滞后，这些都制约了贸易自由化的进程。当然，外汇市场的开放必须根据本国的具体国情有步骤地进行。三是进一步统一外贸政策，增加政策的透明度，用经济的、法律的手段来规范经济运行。四是不断完善社会主义市场经济体制。

第二，加强企业竞争能力。贸易自由化不可避免地会使我国企业面临新的挑战。特别是关税的下调，肯定会影响某些缺乏竞争力的产品和管理差、效率低的企业，有的企业甚至会被淘汰。必须抓住这一机遇增强企业的竞争能力。我国目前应注意以下几个问题：一是进一步解决企业外贸经营权的问题，为企业竞争能力的加强创造良好的外部环境。二是建立大的企业集团并使骨干企业真正参与国际市场竞争。目前我国企业改革的方向正是解决这一问题。三是加强企业自身经营机制的转变、产品质量和品牌意识等，这更是企业竞争能力加强的内部因素。

第三，渐进式发展贸易自由化。中国贸易自由化的进程应当根据自己经济改革和经济发展的实际和要求不断推进，中国目前与国际惯例接轨还接不上，还没有能力承担发达国家应当承担的国际义务，因此我国贸易自由化的目标不能静态地锁定于某一点，而要根据经济发展、竞争能力、改革进程来动态地加以调整。我国贸易自由化的过程必须有控制地推进，调节贸易自由化的节奏有两种思路：一是根据政府已经签订和准备参加的国际协定的要求来决定贸易自由化的节奏；二是根据改革和发展的需要自主安排，直接服务于促进体制转型和经济增长方式的转变。

二、促进国际直接投资自由化

从第四章第二节和第三节的分析可知，国际直接投资的自由化以及参与投资自由化的国家数目的增多，可以减小投资合作中的相对收益问题，趋利避害地发挥直接投资对国际冲突的消减作用。第六章第二节的最优条件中也曾分析到，制定合理的直接投资政治、有效地管理直接投资活动、多层次地进行国际直接投资协调，都可以使国际直接投资在最大程度上消减国际冲突。

对于我国积极参与直接投资自由化，有以下几点政策建议：(1) 优化审批程序，调动外商投资的积极性。我国现阶段对外资实行的审查甄别颇为严格，不仅有繁琐的程序审查，还包括了严格的实质审查，给外商造成了一种过于浓郁的政治氛围，一定程度上影响了其投资的积极性。可借鉴许多国家推行的“一个审批中心”的制度，规定只要进入该中心就能解决有关外资项目审批的所有问题，提高外商投资积极性。(2) 建立科学的绩效评估机制，给予外资真正的国民待遇。我国的政府绩效评估机制比较落后，缺乏科学性，因此在实际工作中导致了“盲目性”。改革绩效评估体制是正确评估外资作用的基础，在这个基础之上才能给予外商相应的待遇，使外资和我国企业站在同一条起跑线上公平竞争。(3) 健全我国投资法律体系。我国目前的外国直接投资管理体制缺乏统一的外商投资管理机构，在利用外资的政策上也缺乏统一性和透明度，这种体制直接导致了全国各地区间为竞相吸引外资出现“引资大战”。健全我国投资法律体系，将我国引进外资、对外投资法律与国际法和惯例相结合，才能为外商创造一个稳定、公平、有序的投资环境，从而更好地吸引外商投资。

三、充分发挥国际贸易和国际直接投资的互补作用

当国际贸易和国际直接投资是互补关系时，两者可以相互加强对国际冲突的消减作用。我国对外进行贸易和直接投资时，需结合我国经济发展的具体实情，充分发挥国际贸易和直接投资的互补作用。

由于我国的外贸是外资驱动的，具有贸易投资一体化的特征，投资和贸易之间的互补性越来越强，这要求我国进行一些投资和贸易流程方面的创新。一方面可以简化贸易和投资间的转换。通过缩短贸易、技术转让、投资等阶段之间的时间或者直接跃入对外直接投资、跨国公司的兼并和收购，使两者之间的跳跃式发展变得更加简便易行，企业国际化经营的发展顺序可以从世界生产和销售体系的任何一个部位开始而不再局限于投资国的跨国公司，国外的子公司也可以从事跨国直接投资和贸易活动；另一方面可以让国内企业国际化，促进贸易和投资的结合。通过各种途径使生产企业更加接近国际市场，按照国际市场的要求来组织生产，促进产品结构的调整，实现生产、流通、投资和贸易的直接结合，减少中间环节，降低交易成本，提高交易效率，从而促进贸易和直接投资的相互补充渗透。

在目前国际贸易和国际直接投资的发展趋势下，我国贸易和直接投资政策的最佳选择是根据现阶段经济结构的特点，采取最优的国际经济资源的转换政策，以促进本国经济贸易和投资的发展。我国在现阶段发展国际贸易和国际直接投资具有既不同于发达国家也不完全同于其他发展中国家的特点。对外贸易和直接投

资应提倡以提高国际竞争力为导向的均衡发展战略。以跨国公司全球购并为主的国际投资新格局和跨国公司在华投资中购并规模逐渐扩大的新动向，对我国以提升竞争优势为目标的外贸发展战略非常有利。以国际竞争力为导向的均衡发展战略的目标是全面提高和优化本国的贸易产品在国际市场的竞争力，增强本国市场对国外投资者的吸引力。这一战略的核心是根据我国具体的国际贸易和国际直接投资的变化情况来及时调整相应的政策，实现贸易与投资共同促进、协调发展的良性循环。同时，健全贸易和投资的法律、法规制度以及相应的配套措施，重视跨国公司垂直分工对国际贸易的互补和创造作用，将引进外国直接投资、我国企业对外直接投资与发展对外贸易结合起来。鼓励外商直接投资于出口行业，并且在这些行业中引进国外的先进技术和管理经验，这样可以提高这些行业的国际竞争力，从而使得吸引外国直接投资和发展我国对外贸易相互促进。

四、积极参与区域经济合作

从第六章第一节中第二点的分析可知，区域经济合作组织成员国之间的贸易和直接投资对国际冲突的消减作用很显著。因此，扩大区域经济合作范围，多方建立经济合作关系，有助于我国减少潜在冲突。

从总体上看，我国参与区域经济合作存在的最主要问题是参与程度较低，主要表现在我国参与的区域经济合作组织都是松散的，国际化程度较低。例如，亚太经合组织（Asia-Pacific Economic Cooperation，简称 APEC）是中国加入较早的一个区域经济组织，但 APEC 只是一个具有论坛性质的区域经济合作组织，其经济合作突出松散性和开放性特点，不仅合作程度和水平低，且缺乏政府间协议的约束。又如，《亚太贸易协定》和“10＋1”自由贸易区是中国参与的具有实质性优惠安排的区域经济合作组织。《亚太贸易协定》由于成员国经济实力和政治方面影响有限及各国协调不够，发展较慢，没有建立定期审议机制，缺乏向纵深发展的动力。“东盟10＋3”和“上海合作组织”是中国参与的具有一定机制的区域经济合作组织中最重要的两个。就目前而言，“东盟10＋3”还仅是一个区域经济论坛，算不上真正的区域经济合作组织。“上海合作组织”目前还主要在战略层次展开，还没有建立实质性的区域联盟。

我国应积极参与各层次的区域经济合作，在实质性的多边合作中通过积极、主动的姿态争取主导权和影响力。应根据先易后难、循序渐进的原则，尽快形成参与各种层次双边、多边机制的长期目标、优先区顺序和不同时间表，制定中国的区域经济合作战略。为此，我国应立足亚洲，放眼世界。亚洲是中国对外经济交往最重要和最有地缘优势的地区之一，所以亚洲理应成为中国进行区域经济合作的重心。但亚洲国家之间的巨大差异性决定了亚洲难以在近期内形成一个统一的区域经济合作组织。从目前的情况来看，有着地缘、文化和经济便利条件的部分亚洲国家率先组成区域或次区域经济合作组织是比较现实的选择。从经济发展全局考虑，我国在制定对外区域经济合作的规划时要具有全球性的战略眼光，在重点发展周边地区区域经济合作组织的同时，也要放眼世界，构筑我国全方位的全球性的经济合作网络。在选择我国全球性区域经济合作重点对象时，要把拥有资金、技术、管理、人才等优势互补，在世界经济中居主导地位的发达国家放在一个重要的位置。

五、合理调整我国贸易结构

如第六章第一节第三点中的分析，当贸易品为进口需求弹性或出口供给弹性较小的商品时，贸易具有良好的消减国际冲突的作用。而我国出口产品结构不合理，产品技术含量低，容易被替代，这类贸易对国际冲突的消减作用不强。转变外贸增长方式，提高产品结构层次，可增强我国对外贸易对国际冲突的消减作用。

我国政府可采取调整贸易结构的措施是：(1) 出台一些有明确指导性和方向性的外贸政策，鼓励企业多生产和出口高附加值和高技术含量的产品。(2) 通过产业政策引导制造业投资结构升级，使外商的投资逐渐向服务业和高新技术产业转移。调整过去对所有外商项目一视同仁的优惠政策，对世界领先的或者我国急需的高科技项目进行有计划和有重点的扶持，给予政策优惠，鼓励其在我国设立研发中心。(3) 加大对服务贸易发展的扶持力度。服务贸易是未来世界贸易发展的总趋势，是发达国家赚取外汇收入的重要手段。我国的服务贸易收支项目始终是逆差，在世界服务贸易活动中处于劣势地位。政府应当尽快健全服务贸易法规体系，出台"服务贸易基本法"，为服务贸易发展制定出相应的规则和要求；要迅速建立科学的管理体制，确定服务业进出口归口管理的部门、管理范畴和管理机构；制定提高服务贸易国际竞争力的发展战略，在具有一定优势的服务行业，可考虑采取出口导向战略，对于比较落后、不具优势的服务行业，可考虑进口替代战略，以引进带动出口，贸易量的增加也可缓解国际政治上的冲突。

六、公平公正地分配贸易和投资收益

当两国对贸易和直接投资的收益分配有争议时，贸易和直接投资不但不能消减冲突，反而有可能成为冲突之源。因此，在大力推进我国对外贸易和对外直接投资发展时，既不能一味扩大本国的利益，也不能任由他国侵占利益，要注意和他国间的利益分配问题。

在与发达国家进行贸易和直接投资时，我国需要努力捍卫本国的权益。由于外国要素提供者分享了我国的贸易利益，因此我国的静态利益减少，同时由于跨国资源整合以资本要素为主导，而我国往往以劳动力、土地等要素参与分工，因而在贸易利益的分配中处于不利地位。另外，由于跨国公司参与了贸易国出口产品的生产，这就可能使贸易国国内出口企业受到挤压，进而对国内资本、劳动力、土地等要素报酬和政府税收产生负面影响。在这种情况下，我国应该把主要目标定位在贸易投资相互补充的动态利益上：首先，通过外资结构的升级和跨国公司先进技术、管理经验等在我国的外溢效应，促进本国产业结构升级。其次，充分发挥竞争机制，提高本国企业素质，激发企业的创新意识，增强企业的国际竞争力。这样，我国才能在新一轮国际分工中处于有利地位，在贸易和投资中分配到更多利益。再次，跨国公司为了追求全球利益最大化，利用全球化经营的有利条件，用转移定价进行内部贸易以达到转移利润、规避税收的目的，从而实现贸易利益和投资利益的最大化。这必然会对我国的利益造成损害，因此，我国政府应该制定相关政策措施，限制跨国公司内部定价行为，消除本国在贸易投资的利益分配中受到的不利影响。

在与发展中国家进行贸易和投资时，我国可以给予它们一些特别优惠、区别待遇及弹性措施。比如在和东盟国家进行贸易时，就充分体现了区域内的利益补偿机制。要注重尊重其他发展中国家的主权，对于落后的国家，可牺牲自己的一定利益。在经济成本分担问题上，我国应尽量多分担一些成本以获得落后国家的信任和认同。我国与其他发展中国家应加强沟通和理解，建立有效的信任机制和约束机制，以实现利益分配的合理化。比如，我国与东盟国家间的各种形式的官方或非官方会议作为中国—东盟自由贸易区内的磋商机制，为区域内各方达成有效协议提供了一个平台，保证了贸易利益在各方之间公平合理地分配。

本章小结

本章分析了本研究对我国的启示。目前的国际形势是整体平稳、局部动荡，国家间的利益之争日趋激烈，在这样的国际形势下，我国也面临着一些潜在冲突的威胁，而这些潜在冲突会对我国的稳定和发展产生重大影响。

本章分析了几个具有潜在冲突危机的国家和地区，包括：中国—美国、中国—日本、中国内地—中国台湾。虽然这几对国家（地区）的冲突起因迥异，但两两之间进行贸易和直接投资都可以缓解冲突，抑制冲突爆发或升级，促进和谐安定的对外关系发展。

根据前几章的分析结论，本章针对中国国情提出了营造和平稳定的多边环境可采取的政策措施：推进贸易开放和贸易自由化；促进国际直接投资自由化；积极参与区域经济合作；合理调整我国贸易结构；充分发挥国际贸易和国际直接投资的互补作用；公平公正地与他国进行贸易和投资利益的分配。

第八章　结论

一、研究结论

第二次世界大战结束后，尤其是“冷战”结束以来，国际政治经济关系发生了很大变化。传统的以政治、安全为议题的高级政治在国际关系中受关注的程度逐步下降，而经济和发展的议题开始受到重视，经济因素逐渐在国家间关系中起到重要作用。当代经济全球化的迅猛发展，又使经济因素在国际关系中的主导作用进一步得到强化。在这种背景下，国家将经济利益放在国家利益的主导地位越来越成为一种潮流和趋势。由于国家对经济利益的高度重视，因此，用经济手段解决国际冲突成为了可能。传统的国际关系学说中自由主义学派的核心命题——“贸易和平论”再次引起了人们的兴趣，国际贸易与国际冲突的关系也更加吸引了学者们的注意，“相互依赖的世界将是一个和平的世界”的观点随之广为流行。同时，经济相互依赖的概念不断延伸，随着国际直接投资的迅猛发展，到21世纪初，部分西方学者把研究视角从国际贸易拓展到国际直接投资方面，开始关注国际直接投资对国际冲突的影响。

在某种程度上，国际贸易和国际直接投资会引发国际冲突。

但是，从整体上说，国际贸易和国际直接投资对国际冲突的净效应是消减作用。第一，国际贸易、国际直接投资对国际冲突有替代作用。第二，国际贸易和国际直接投资可促进信息交流，制约冲突发生。第三，国际贸易和国际直接投资可促使国家采用和平的对外政策。第四，国际贸易和国际直接投资的交往可促进国家间其他领域的合作。当国际贸易和国际直接投资共同对国际冲突产生影响时，影响程度的大小取决于国际贸易和国际直接投资两者之间的关系：当两者是替代关系时，它们对国际冲突的消减作用相互抵消；当两者是互补关系时，它们对国际冲突的消减作用相互增强。

本书运用理论模型推导了国际贸易、国际直接投资对国际冲突的影响。两国模型运用社会福利函数最大化的方法，分析得出贸易、直接投资可以减少发起国对目标国的冲突的结论。多国模型从成本—收益的角度分析了贸易和直接投资如何影响国际冲突，说明在全球化的条件下贸易和直接投资能更好地消减国际冲突。本书用博弈论的方法分析了贸易和直接投资的相对收益问题是否会影响它们发挥消减国际冲突的作用，结论是在经济全球化和贸易、投资自由化的体制下，国际贸易和国际直接投资的相对收益问题并不会对国际合作造成太大影响，引发国际冲突的效应更是甚微，因此国际贸易和国际直接投资总体来说对国际冲突还是起到了消减作用。

本书采用亚洲国家 1991—2000 年的面板数据构建联立方程组模型，结果证明国际贸易对国际冲突的确具有显著的消减作用，并能促进国际合作。为了证明结论具有普遍性，在研究国际直接投资对国际冲突的影响时本书又另采用了 OECD 国家及中国、新加坡的数据，实证的结果说明，国际直接投资对国际冲突有负影响，即国际直接投资可以消减国际冲突。在运用脉冲响应和方差分解的方法验证国际冲突、国际贸易、国际直接投资三者之间的关系后，本书得出国际贸易和国际直接投资可以相互促进消减国际冲突的结论：国际贸易推动了国际合作的发展，消减了国际冲突；国际合作促进了国际贸易的发展和繁荣，使国际贸易得以更广泛地进行；国际直接投资促进了国际合作，减少了国际冲突的发生；国际合作推动了国际直接投资的发展；国际贸易促进了国际直接投资；国际直接投资大大拉动了国际贸易的发展。本书得到的另一个重要结论是，国际直接投资比国际贸易对国际冲突的消减作用更显著、更持久。

由于国际贸易和国际直接投资还有引发国际冲突的效应，因而只有弱化它们对国际冲突的引发效应，强化它们对国际冲突的消减效应，趋利避害，才能使得它们有效地缓解和减少国际冲突。对于国际贸易来说，以下条件是消减国际冲突的最优条件：国家间贸易关系对称、贸易国是区域经济合作组织成员国、贸易品是缺乏弹性的商品。对于国际直接投资来说，消减国际冲突的最优条件为：各国制定合理的投资政策、对国际直接投资活动有效地管理、多层次的国际直接投资协调。当国际贸易和国际直接投资共同对国际冲突产生影响时，贸易自由化和投资自由化可优化它们对国际冲突的消减作用，有助于国际合作的开展和国际环境的稳定。

这项研究对于处在“十字路口”的中国来说具有重要的理论价值和现实意义。本书举例说明了中国—美国、中国—日本、中国内地—中国台湾这些国家和地区之间的冲突，说明了贸易和直接投资对它们之间的冲突有缓解作用，在相当大的程度上促进了它们之间的合作。针对中国的国情，本书提出了营造和平稳定的多边环境可采取的政策措施：推进贸易开放和贸易自由化；促进国际直接投资自由化；积极参与区域经济合作；合理调整我国贸易结构；充分发挥国际贸易和国际直接投资的互补作用；公平公正地分配贸易和直接投资的收益。

二、研究展望

（1）由于“民主和平论”和“文明冲突论”的存在，本书应考虑民主因素和文明因素对冲突的影响。本书实证部分里已加入民主的变量，但没有加入文明的因素，因为该因素不好量化，数据也不易剔除，无法在上百万的国际冲突事件的数据中一一区分出来。今后可尝试整理一套“文明”变量的参照系，使数据的筛选更加精确。另外，第一章中提到由民族矛盾引起的国际冲突是一个值得注意的现象，但由于其统计的复杂性，以往的许多研究都没有加入这个变量，本书在分析时也没有加入“民族”变量，这是以后进一步研究的方向。

（2）国际贸易、国际直接投资共同作用于国际冲突的理论模型目前还几近空白。本书用博弈论的方法研究了国际贸易和国际直接投资共同存在的相对收益问题对国际冲突的影响，但没有从两者对国际冲突的共同作用这个角度分析。目前有一些研究国际贸易和国际直接投资相互影响或一体化的模型，如果能在这些模型的基础上发展对国际冲突影响的模型，可以更好地体现贸易与直接投资的特性。如何将贸易、直接投资的特性与国际关系领域的模型结合起来，值得进一步探讨。

（3）国际贸易、国际直接投资与国际冲突之间的关系是很复杂的。国家不同，时期不同，环境不同，一国政府对国家利益的判断和排序是不相同的，选择战略的标准也不一样，本研究所提供的只是一个理论的框架，很难涵盖所有的要素。贸易、直接投资能够在多大程度上影响国家的冲突决策，取决于两国间的贸易和直接投资在国家利益中的定位以及经济利益与安全利益的排序，另外还取决于冲突所涉及的安全利益是否威胁到国家的“生死攸关”的利益。在有正常贸易、投资关系并且存在冲突的国家或地区之间，只要不存在“生死攸关”的情况，就可以通过发展和深化两国的经贸合作，进而改变两国政府对冲突和合作利益的态度，最终实现两国政治关系的改善，使贸易和直接投资成为消减国际冲突、促进国际合作的重要力量。

附录：冲突预期效用的推导

假设僵持的概率是 p_s，非僵持的概率是（$1-p_s$）。不僵持的结果可能是赢（p_v'）或输（p_d'），则：

$$p_v=(1-p_s)\,p_v' \Rightarrow p_v'=p_v/(1-p_s)$$

$$p_d=(1-p_s)\,p_d' \Rightarrow p_d'=p_d/(1-p_s) \qquad (1)$$

如果任意一期的冲突使一国以（$1-p_s$）的概率获得 x 收益，再以 p_s 的概率进入下一阶段，则 t 期前冲突的预期收益为：

$$\begin{aligned}&(1-p_s)\,x+p_s(1-p_s)\,x+p_s^2(1-p_s)\,x+\cdots+p_s^{t-1}(1-p_s)\,x\\&=(1-p_s)\,x\,(1+p_s+p_s^2+\cdots+p_s^{t-1})\\&=x\,(1-p_s+p_s-p_s^2+p_s^2-\cdots-p_s^{t-1}+p_s^{t-1}-p_s^t)\\&=x\,(1-p_s^t) \qquad (2)\end{aligned}$$

假设冲突结束时国家获得的收益是流量，φ 是贴现因子，则到 t 期的预期收益流量为：

$$\begin{aligned}&\frac{x}{1-\varphi}+\frac{\varphi x}{1-\varphi}+\frac{\varphi^2 x}{1-\varphi}+\cdots+\frac{\varphi^{t-1}x}{1-\varphi}\\&=\frac{x}{1-\varphi}\,(1+\varphi+\varphi^2+\cdots+\varphi^{t-1}) \qquad (3)\\&=\frac{x}{1-\varphi}\left(\frac{1-\varphi^t}{1-\varphi}\right)\end{aligned}$$

Wagner（1998）考察了冲突成本不变的情况。在 t 期冲突的预期成本为：

$$\begin{aligned}&(1-p_s)\ c+p_s\ (1-p_s)\ 2c+p_s^2\ (1-p_s)\ 3c+\cdots+p_s^{t-1}\ (1-p_s)\ tc\\&=(1-p_s)\ c\ (1+2p_s+3p_s^2+\cdots+tp_s^{t-1})\\&=c\ (1-p_s+2p_s-2p_s^2+3p_s^2-\cdots-(t-1)\ p_s^{t-1}+tp_s^{t-1}-tp_s^t)\\&=c\ (1+p_s+p_s^2+\cdots+p_s^{t-1}-tp_s^t)=c\left[\frac{1-p_s^t}{1-p_s}-tp_s^t\right]\end{aligned}\tag{4}$$

将（2）式代入（4）式，则冲突的收益减去成本为：

$$\begin{aligned}&(1-p_s)\left[\frac{x-c}{1-\varphi}\right]+p_s\ (1-p_s)\left[\frac{\varphi\ (x-2c)}{1-\varphi}\right]+\cdots+p_s^{t-1}\ (1-p_s)\left[\frac{\varphi^{t-1}\ (x-tc)}{1-\varphi}\right]\\&=\frac{1-\varphi^t}{(1-\varphi)^2}x(1-p_s^t)-\frac{1-\varphi^t}{(1-\varphi)^2}c\left(\frac{1-p_s^t}{1-p_s}-tp_s^t\right)\\&\equiv(X-C)_{t,\varphi}\end{aligned}\tag{5}$$

总的预期净收益为：

$$\lim_{t\to\infty}(X-C)_{t,\varphi}=\frac{x}{(1-\varphi)^2}-\frac{c}{(1-p_s)\ (1-\varphi)^2}\tag{6}$$

将式（5）中的 x 用胜利概率 p_v'、失败概率 p_d' 和它们分别的预期收益 V_i、D_i 代替，得到：

$$\frac{x}{(1-\varphi)^2}-\frac{c}{(1-p_s)\ (1-\varphi)^2}\Rightarrow\frac{p_v'V_1+p_d'D_1}{(1-\varphi)^2}-\frac{c}{(1-p_s)\ (1-\varphi)^2}\tag{7}$$

用非限制的概率 p_v、p_d 代替 p_v'、p_d'，可得：

$$\frac{p_v'V_1+p_d'D_1}{(1-\varphi)^2}-\frac{c}{(1-p_s)\ (1-\varphi)^2}\Rightarrow\frac{p_vV_1+p_dD_1}{(1-p_s)\ (1-\varphi)^2}-\frac{c}{(1-p_s)\ (1-\varphi)^2}\tag{8}$$

化简得：

$$\frac{p_vV_1+p_dD_1-c}{(1-p_s)\ (1-\varphi)^2}\tag{9}$$

参考文献

英文著作

［1］ Angell, S. N. *The Great Illusion: A Study of the Relation of Military Power to National Advantage* [M]. New York: Garland Publishing, 1913.

［2］ Arad, R., Seev, H., and Alfred, T. *Economics of Peace Making: Focus on the Egyptian-Israeli Situation* [M]. London: the MacMillan Press, 1983.

［3］ Axelrod, R. *The Evolution of Cooperation* [M]. New York: Basic Books, 1984.

［4］ Azar, E. E. *The Codebook of the Conflict and Peace Data Bank (COPDAB)* [EB/OL]. College Park, MD: Center for International Development, University of Maryland, 1982.

［5］ Baldwin, D. *Economic Statecraft* [M]. Princeton, NJ: Princeton University Press, 1985.

［6］ Barbieri, K. Risky Business: The Impact of Trade Linkages on Interstate Conflict, 1870—1985 [A]. in Schneider G. and Weitsman P. A., eds., *Enforcing Cooperation: "Risky"*

States and the Intergovernmental Management of Conflict. London: MacMillan, 1997.

[7] Barbieri, K. *The liberal illusion: Does trade promote peace?* [M]. AnnArbor: University of Michigan Press, 2002.

[8] Bhagwati, J. N. The Theory of Immiserising Growth: Further Application [A]. in M. Connolly and A. Swoboda, eds., *International Trade and Money*. Toronto: The Press of Toronto University, 1973.

[9] Canzoneri, M. B., and Henderson, D. W. *Monetary Policy in Interdependent Economies* [M]. Cambridge, MA: The MIT Press, 1991.

[10] Choate, P. *Agents of Influence: How Japan Manipulates America's Political and Economic System* [M]. New York: Simon and Schuster, 1990.

[11] Cox, R. *Production, Power, and World Order: Social Forces in the Making of History* [M]. New York: Columbia University Press, 1987.

[12] Deardorff, A. V. Testing Trade Theories and Predicting Trade Flows [A]. in Ronald W. J. and Peter B. K., eds, *Handbook of International Economics*. Amsterdam: NorthHolland Press, 1984.

[13] Deardorff, A. V. Determinants of bilateral trade: Does gravity work in a neoclassical world? [A]. in Jeffrey A. Frankel, the *Regionalization of the World Economy*. Chicago: University of Chicago Press, 1998.

[14] Deutsch, K. W. et al. *Political Community and the*

North Atlantic Area [M]. Princeton, NJ: Princeton University Press, 1957.

[15] Domke, W. K. *War and the Changing Global System* [M]. New Haven, CT: Yale University Press, 1988.

[16] Doyle, M. W. *Ways of War and Peace: Realism, Liberalism, and Socialism* [M]. New York: Norton, 1997.

[17] Dunning, J. H. *Multinational Enterprises and the Global Economy* [M]. Mass.: Addison-Wesley, 1992.

[18] Encarnation, D. J. *Rivals beyond Trade: America versus Japan in Global Competition* [M]. Cornell Studies in Political Economy, 1992.

[19] Geortz, G. and Diehl, P. F. *Territorial Changes and International Conflict* [M]. London: Routledge, 1992.

[20] Gilpin, R. U. S. *Power and the Multinational Corporation: The Political Economy of Foreign Direct Investment* [M]. New York: Basic Books, 1975.

[21] Gilpin, R. *Global Political Economy: Understanding the International Economic Order* [M]. Princeton NJ: Princeton University Press, 2001.

[22] Goldberg, L. and Klein, M. Foreign Direct Investment, Trade, and Real Exchange Rate Linkages in Developing Countries [Z]. in Reuven Glick eds, *Managing Capital Flows and Exchange Rates*, Cambridge: Cambridge University Press, 1998.

[23] Gowa, J. Allies, *Adversaries and International Trade* [M]. Princeton, NJ: Princeton University Press, 1994.

[24] Grieco, J. M. *Cooperation among Nations. Europe,*

America, and Non-Tariff Barriers to Trade [M]. Ithaca, NY and London: Cornell University Press, 1990.

[25] Grossman, H. I. and Kim, M. Predation and Production [A]. in Michelle, R. G. and Skaperdas, S., eds, *The Political Economy of Conflict and Appropriation*. Cambridge: Cambridge University Press, 1996.

[26] Gunder, F. A. *Capitalism and Underdevelopment in Latin America: Historical Studies of Chile and Brazil* [M]. New York: Monthly Review Press, 1967.

[27] Haendel, D. *Foreign Direct Investment and the Management of Political Risk* [M]. Boulder: Westview Press, 1979.

[28] Hirschman, A. O. *National Power and the Structure of Foreign Trade* [M]. Berkeley, CA: University of California Press, 1980. (Originally published in 1945.)

[29] Hymer, S. H. *The International Operations of National Firms: A Study of Direct Foreign Investment* [M]. Cambridge: MIT Press, 1976.

[30] Knorr, K. *The Power of Nations: The Political Economy of International Relations* [M]. New York: Basic Books, 1975.

[31] Kobrin, S. *Managing Political Risk Assessment* [M]. Berkley and Los Angeles: University of California Press, 1982.

[32] Linder, S. B. *An Essay on Trade and Transformation* [M]. New York: Wiley and Sons, 1961.

[33] Mansfield, E. D. *Power, Trade and War* [M].

Princeton, NJ: Princeton University Press, 1994.

[34] McClelland, C. A. *World Event/Interaction Survey Codebook*（*ICPSR 5211*）[EB/OL]. Ann Arbor: Inter-University Consortium for Political and Social Research, 1976.

[35] Michael, J. H. *International Trade and Political Conflict: Commerce, Coalitions, and Mobility* [M]. Princeton, NJ:. Princeton University Press, 2002.

[36] Ohmae, K. *The Borderless World, Power and Strategy in the Interlinked Economy* [M]. New York: Harper Business, 1990.

[37] Porter, M. E. *The Competitive Advantage of Nations* [M] New York: The Free Press, 1990.

[38] Rosecrance, R. *The Rise of the Trading State: Commerce and Conquest in the Modern World* [M]. New York: Basic Books, 1986.

[39] Rosecrance, R. *The Rise of the Virtual State* [M]. New York: Basic Books, 1999.

[40] Russett, B. M. *International Regions and the International System: A Study in Political Ecology* [M]. Chicago, IL: Rand McNally, 1967.

[41] Russett, B. M. and Oneal, J. R. *Triangulating Peace: Democracy, Interdependence, and International Organizations* [M]. New York: Norton, 2001.

[42] Schelling, T. *International Economics* [M]. Boston, MA: Allyn and Bacon, 1958.

[43] Schelling, T. *Micromotives and Macrobehavior* [M].

New York: Norton, 1978.

[44] Selfridge, H. G. *The Romance of Commerce* [M]. London: Bodley Head, 1918.

[45] Simon, C. *Just War or Just Peace?: Humanitarian Intervention and International Law* [M]. Oxford: Oxford University Press, 2003.

[46] Skaperdas, S. and Syropoulos, C. Competitive Trade with Conflict [A]. in Michelle, R. G. and Skaperdas S. , eds, *The Political Economy of Conflict and Appropriation*. New York: Cambridge University Press, 1996.

[47] Solingen, E. Internationalization, Coalitions, and Regional Conflict and Cooperation [Z]. in Mansfield, E. D. and Pollins, B. eds, *Economic Interdependence and International Conflict: New Perspectives on An Enduring Debate*. Ann Arbor: University of Michigan Press, 2003.

[48] Spero, E. J. and Hart, J. A. *The Politics of International Political Economic Relations* [M]. Canada: Thomson Wadsworth, 2003.

[49] Stein, A. A. Trade and Conflict: Uncertainty, Strategic Signaling, and Interstate Disputes [Z]. in Mansfield, E. D. and Pollins, B. eds, *Economic Interdependence and International Conflict: New Perspectives on An Enduring Debate*. Ann Arbor: University of Michigan Press, 2003.

[50] Taylor, M. *Anarchy and Cooperation* [M]. New York: Wiley. Revised version published as The Possibility of Cooperation. Cambridge: Cambridge University Press, 1987.

[51] Tinbergen, J. *Shaping the World Economy: Suggestions for an International Economic Policy* [M]. New York: Twentieth Century Fund, 1962.

[52] Vernon, R. *Sovereignty at Bay: The Multinational Spread of U. S. Enterprises* [M]. New York: Basic Books, 1971.

[53] Viner, J. *Studies in the Theory of International Trade* [M]. New York: Harper and Brothers, 1937.

[54] Vogel, S. The Power behind "Spin-Ons": The Military Implications of Japan's Commercial Technology [A]. in San dholtz W., eds, *The Highest Stakes: The Economic Foundations of the Next Security System*, New York: Oxford University Press, 1992.

[55] Wallensteen, P. *Structure and War: On International Relations 1920-1968* [M]. Stockholm: Raben and Sjögren, 1973.

[56] Waltz, K. Theory of International Politics [M]. New York: Random House, 1979.

[57] Wells, L. T. Good and Fair Competition: Does the Foreign Direct Investor Face Still Other Risks in Emerging Markets [A]. in Theodor H. Moran, eds, *Managing International Political Risk*. Alden: Blackwell Business, 1998.

英文论文

[58] Agarwal, J. P. Determinants of Foreign Direct Investment: A Survey [J]. *Weltwirtschaftliches Archive*, 1980, 116 (4): 739-773.

[59] Agtmael, A. W. How Business Has Dealt with Political

Risk [J]. *Financial Executive*, 1977, 44: 26-33.

[60] Anderson, J. E. A Theoretical Foundation for the Gravity Equation [J]. *American Economic Review*, 1979, 69 (3): 106-116.

[61] Anderton, C. H. and Carter, J. R. On Disruption of Trade by War: A Reply to Barbieri and Levy [J]. *Journal of Peace Research*, 2001, 38 (5): 625-628.

[62] Antkiewicz, A. and Whalley, J. Recent Chinese Buyout Activity and the Implications for Global Architecture [Z]. *NBER Working Paper* No. 12072, 2006.

[63] Arad, R. W. and Seev, H. Peacemaking and Vested Interests: International Economic Transactions [J]. *International Studies Quarterly*, 1981, 25 (9): 439-468.

[64] Barbieri, K. Economic Interdependence: A Path to Peace or a Source of Interstate Conflict? [J]. *Journal of Peace Research*, 1996, 33 (1): 29-49.

[65] Barbieri, K. *Economic Interdependence and Militarized Interstate Conflict, 1870-1985* [D]. PhD Dissertation. Binghamton, NY: Department of Political Science, Binghamton University, 1995.

[66] Barbieri, K. Trade and conflict: Assessing the Impact of Interdependence on Militarized Conflict [Z]. Unpublished Manuscript, 1998.

[67] Barbieri, K. and Schneider, G. Globalization and Peace: Assessing New Directions in the Study of Trade and Conflict [J]. *Journal of Peace Research*, 1999, 36 (4): 387-404.

[68] Barbieri, K. and Levy, J. S. Does War Impede Trade? A Response to Anderton and Carter [J]. *Journal of Peace Research*, 2001, 38 (5): 619-624.

[69] Bearce, D. H. and Eric, O. F. Computer Simulations of International Trade and Conflict [Z]. Unpublished Manuscript, 2001.

[70] Bearce, D. H. and Eric, O. F. Economic Geography, Trade, and War [J]. *Journal of Conflict Resolution*, 2002, 46 (3): 365-393.

[71] Bearce, D. H. and Omori, S. How Do Commercial Institutions Promote Peace? [J]. *Journal of Peace Research*, 2005, 42 (6): 659-678.

[72] Bennett, D. S. and Allan, S. EUGene: A Conceptual Manual [J]. *International Interactions*, 2000, 26: 179-204.

[73] Benson, M. A. Dyadic Hostility and the Ties That Bind: State-to-State versus State-to-System Security and Economic Relationships [J]. *Journal of Peace Research*, 2004, 41 (6): 659-676.

[74] Bergeijk, van Peter A. G. Diplomatic Barriers to Trade [J]. *De Economist*, 1992, 140 (1): 44-63.

[75] Blomberg, S. B. and Hess, G. D. The Temporal Links between Conflict and Economic Activity [J]. *Journal of Conflict Resolution*, 2002, 46 (1): 74-90.

[76] Borrus, M. and Zysman, J. Industrial Competitiveness and American National Security [Z]. *Berkeley Roundtable on the International Economy Paper BRIEWP _39*, 1991.

[77] Brewer, T. L. An Issue-Area Approach to the Analysis of MNE-Government Relations [J]. *Journal of International Business Studies*, 1992, 23 (2): 295-309.

[78] Bremer, S. Dangerous Dyads: Conditions Affecting the Likelihood of Interstate War, 1816-1965 [J]. *Journal of Conflict Resolution*, 1992, 36 (6): 309-341.

[79] Brito, D. and Intriligator, M. Conflict, War, and Redistribution [J]. *American Political Science Review*, 1985, 79 (3): 953-957.

[80] Brooks, S. G. The Globalization of Production and the Changing Benefits of Conquest [J]. *The Journal of Conflict Resolution*, 1999, 43 (5): 646-670.

[81] Chang, Y. C., Polachek, S. and Robst, J. Conflict and trade: the relationship between geographic distance and international interactions [J]. *Journal of Socio-Economics*, 2004, 33 (4): 491-509.

[82] Chang, Y. C. Economic Interdependence and International Interactions: Impact of Third-Party Trade on Political Cooperation and Conflict [J]. *Cooperation and Conflict: Journal of the Nordic International Studies Association*, 2005, 40 (2): 207-232.

[83] Chang, Y. C. Bilateral Trade and International Interactions: The Impact of Foreign Aid and Tariffs on Political Conflict and Cooperation [J]. *The Journal of Social, Political and Economic Studies*, 2005, 30 (1): 41-78.

[84] Copeland, D. C. Economic Interdependence and War: A

Theory of Trade Expectations [J]. *International Security*, 1996, 20 (4): 5-41.

[85] Crescenzi, M. J. C. Economic Exit, Interdependence, and Conflict [J]. *Journal of Politics*, 2003, 65 (3): 809-832.

[86] Diehl, P. F. Contiguity and Military Escalation in Major Power Rivalries, 1816-1980 [J]. *Journal of Politics*, 1985, 47 (4): 1203-1211.

[87] Dorussen, H. Balance of Power Revisited: A Multi-Country Model of Trade and Conflict [J]. *Journal of Peace Research*, 1999, 36 (4): 443-462.

[88] Dorussen, H. Trade and Conflict in Multi-Country Models: A Rejoinder [J]. *Journal of Peace Research*, 2002, 39 (1): 115-118.

[89] Dorussen, H. Heterogeneous Trade Interests and Conflict [J]. *Journal of Conflict Resolution*, 2006, 50 (1): 87-107.

[90] Fearon, J. D. Rationalist Explanations for War [J]. *International Organization*, 1995, 49 (3): 379-414.

[91] Fielding, D. How Does Violent Conflict Affect Investment Location Decisions? Evidence from Israel during the Intifada [J]. *Journal of Peace Research*, 2004, 41 (4): 465-484.

[92] Frankel, J. A., and Romer, D. Does Trade Cause Growth? [J]. *American Economic Review*, 1999, 89 (3): 379-399.

[93] Frazier, D., Dixon, G. and Ingersoll, R. Democracies

as Third Party Intermediaries in Militarized Interstate Disputes [Z]. Annual Meeting of the American Political Science Association, 2001.

[94] Galia, P. B. The Neglected Dimension of Commercial Liberalism: Economic Cooperation and Transition to Peace [J]. *Journal of Peace Research*, 2006, 43 (3): 261-278.

[95] Garrett, G. Global Markets and National Politics: Collision Course or Virtuous Circle [J]. *International Organization*, 1998, 52 (4): 787-824.

[96] Gartzke, E., Li, Q. and Boehmer, C. Investing in the Peace: Economic Interdependence and International Conflict [J]. *International Organization*, 2001, 55 (2): 391-438.

[97] Gartzke, E. Measure for Measure: Concept Operationalization and the Trade Interdependence-Conflict Debate [J]. *Journal of Peace Research*, 2003, 40 (5): 553-571.

[98] Gartzke, E. and Li, Q. All's Well That Ends Well: A Reply to Oneal, Barbieri and Peters [J]. *Journal of Peace Research*, 2003, 40 (6): 727-732.

[99] Gasiorowski, M. J. and Polachek, S. Conflict and Interdependence: East West Trade and Linkages in the Era of Détente [J]. *Journal of Conflict Resolution*, 1982, 26 (4): 709-729.

[100] Gasiorowski, M. J. Economic Interdependence and International Conflict: Some Cross-sectional Evidence [J]. *International Studies Quarterly*, 1986, 30 (1): 23-38.

[101] Gilpin, R. Structural Constraints on Economic Leverage: Market-Type Systems [Z]. *Strategic Dimension of Economic*

Behavior，1984：105-128.

[102] Gleditsch, K. S. Expanded Trade and GDP data [J]. *Journal of Conflict Resolution*，2002，46（5）：712-724.

[103] Gleditsch，N. P. Geography，Democracy and Peace [J]. *International Interactions*，1995，20（2）：297-324.

[104] Gochman，C. S. Interstate Metrics：Conceptualizing，Operationalizing and Measuring the Geographic Proximity of States since the Congress of Vienna [J]. *International Interactions*，1991，17（5）：93-112.

[105] Goldstein, J. S. A Conflict-Cooperation Scale for WEIS Event Data [J]. *Journal of Conflict Resolution*，1992，36（2）：369-385.

[106] Goldberg，L. S. and Michael，W. K. International Trade and Factor Mobility：An Empirical Investigation [J]. *NBER Working Papers W7196*，1999.

[107] Grieco, J. M. Anarchy and the Limits of Cooperation：A Realist Critique of the Newest Liberal Institutionalism [J]. *International Organization*，1988，42（4）：485-529.

[108] Harbom，L. and Wallensteen，P. Armed Conflict，1989-2006 [J]. *Journal of Peace Research*，2007，44（5）：623-634.

[109] Hegre, H. Development and the Liberal Peace：What Does It Take to Be a Trading State? [J]. *Journal of Peace Research*，2000，37（1）：5-30.

[110] Hegre，H. Has Commerce Replaced Conquest? Development and Territorial Wars [Z]. American Political Science

Association, 2000.

[111] Hegre, H. Trade Decreases Conflict More in Multi-actor Systems: A Comment on Dorussen [J]. *Journal of Peace Research*, 2002, 39 (1): 109-114.

[112] Hegre, H. Size Asymmetry, Trade, and Militarized Conflict [J]. *Journal of Conflict Resolution*, 2004, 48 (3): 403-429.

[113] Hein, S. Trade Strategy and the Dependency Hypothesis: A Comparison of Policy, Foreign Investment, and Economic Growth in Latin America [J]. *Economic Development and Cultural Change*, 1992, 40: 495-521.

[114] Howell, L. D. Political Risk and Political Risk Loss for Foreign Investment [J]. *The International Executive*, 1992, 34: 485-498.

[115] Huxley, T. ASEAN's Role in the Emerging East Asian Regional Security Architecture [Z]. Fragmented Asia: Regional integration and National Disintegration in Pacific Asia, 1996.

[116] Japan and China Need New Framework [N]. *Japan Times*, 2002-9-30.

[117] Jeffrey, W. L. Domestic Influences on International TradePolicy: Factor Mobility in the United States, 1963 to 1992 [J]. *International Organization*, 2006, 60 (4): 69-103.

[118] Jensen, N. M. Democratic Governance and Multinational Corporations: Political Regimes and Inflows of Foreign Direct Investment [J]. *International Organization*, 2003, 57

(3): 587-616.

[119] Johnson, H. G. International Factor Movement and the Theory of Tariff and Trade [J]. *Quarterly Journal of Economics*, 1967, 81: 1-38.

[120] Jun, K. W. and Singh, H. The Determinants of Foreign Direct Investment: New Empirical Evidence [J]. *Transnational Corporations*, 1996, 5 (2): 67-105.

[121] Kahler, M. Strategic Uses of Economic Interdependence: Engagement Policies on the Korean Peninsula and Across the Taiwan Strait [J]. *Journal of Peace Research*, 2006, 43 (5): 523-541.

[122] Kang, H. and Reuveny, R. Exploring Multi-Country Dynamic Relations between Trade and Conflict [J]. *Defence and Peace Economics*, 2001, 12: 175-196.

[123] Kastner, S. L. When Do Conflicting Political Relations Affect International Trade? [J]. *Journal of Conflict Resolution*, 2007, 51 (4): 664-688.

[124] Kim, S. Y. *Ties That Bind: The Role of Trade in International Conflict Processes*, 1950-1992 [D]. PhD Dissertation, Yale University, 1998.

[125] Kim, S. Y. Structure and Change in International Trade and Militarized Conflict: When Is Engagement Constructive? [Z]. Princeton University: Center of International Studies Bendheim Hall, 2000.

[126] Klodt, H. Conflicts and Conflict Resolution in International Anti-trust: Do We Need International Competition

Rules? [Z]. Blackwell Publisher Ltd. , 2001, 24 (7): 877-888.

[127] Koubi, V. War and Economic Performance [J]. *Journal of Peace Research*, 2005, 42 (1): 67-82.

[128] Krustev, V. L. Interdependence and the Duration of Militarized Conflict [J]. *Journal of Peace Research*, 2006, 43 (3): 243-260.

[129] Lee, H. Foreign Direct Investment and Militarized Interstate Conflict [Z]. Unpublished Manuscript, 2005.

[130] Lee, H. and Mitchell, S. M. Foreign Direct Investment and Territorial Disputes [J]. *Journal of Conflict Resolution*, 2012, 56 (4): 675-703.

[131] Levy, J. S. Economic Interdependence, Opportunity Cost, and War [Z]. Unpublished Manuscript, 2001.

[132] Lipsey, R. E. Foreign Direct Investment in the U. S.: Changes Over Three Decades [Z]. *NBER Working Paper* no. 4124, 1994.

[133] Long, A. G. Defense Pacts and International Trade [J]. *Journal of Peace Research*, 2003, 40 (5): 537-552.

[134] Long, A. G. Trading for Security: Military Alliances and Economic Agreements [J]. *Journal of Peace Research*, 2006, 43 (4): 433-451.

[135] Lucas, R. On the Determinants of Direct Foreign Investment: Evidence from East and Southeast Asia [J]. *World Development*, 1993, 21 (3): 391-406.

[136] Mansfield, E. D. , Milner, H. V. and Rosendorff, B. Why Democracies Cooperate More: Electoral Control and

International Trade Agreements [Z]. The 94th Annual Meeting of the American Political Science Association, 1998.

[137] Mansfield, E. D. and Pevehouse, J. C. Trade Blocs, Trade Flows, and International Conflict [J]. *International Organization*, 2000, 54 (4): 775-808.

[138] Mansfield, E. D. and Pollins, B. M. The Study of Interdependence and Conflict: Recent Advances, Open Questions, and Directions for Future Research [J]. *Journal of Conflict Resolution*, 2001, 45 (6): 834-859.

[139] Mansfield, E. D. and Snyder, J. Democratic Transitions, Institutional Strength, and War [J]. *International Organization*, 2002, 56 (2): 297-337.

[140] Manzetti, L. The Political Economy of MERCOSUR [J]. *Journal of Interamerican Studies and World Affairs*, 1993, 35 (4): 101-141.

[141] Markuson, J. R. and James, R. M. Factor Movements and Commodity Trade as Complements [J]. *Journal of International Economics*, 1983, 13 (2): 341-356.

[142] Markuson, J. R. and Svensson, L. E. O. Trade in Goods and Factor with International Differences in Technology [J]. *International Economic Review*, 1985, 26 (1): 75-192.

[143] Maoz, Z. and Russett, B. Normative and Structural Causes of Democratic Peace [J]. *American Political Science Review*, 1993, 87 (3): 624-638.

[144] Maoz, Z. Systemic Polarization, Interdependence, and International Conflict, 1816-2002 [J]. *Journal of Peace Research*,

2006, 43 (4): 391-411.

[145] Marchick, D. M. and Graham, E. M. How China Can Break Down America' s Wall [Z]. Unpublished Manuscript, 2006.

[146] Margit, B. and Hans, W. Foreign Direct Investment and Militarized Conflict [Z]. The 45th Annual ISA Convention Discussion Paper, 2004.

[147] McDonald, P. J. Peace through Trade or Free Trade? [J]. *Journal of Conflict Resolution*, 2004, 48: 547-572.

[148] Mearsheimer, J. J. Back to the Future: Instability in Europe after the Cold War [J]. *International Security*, 1990, 15 (1): 5-56.

[149] Motoshi, S. Economic Interdependence, Relative Gains, and International Cooperation: The Case of Monetary Policy Coordination [J]. *International Studies Quarterly*, 1994, 38 (3): 475-498.

[150] Morrow, J. D. When Do "Relative Gains" Impede Trade? [J]. *Journal of Conflict Resolution*, 1997, 41 (1): 12-37.

[151] Morrow, J. D., Siverson, R. M. and Taberes, T. E. The Political Determinants of International Trade: The Major Powers, 1907-1990 [J]. *American Political Science Review*, 1998, 92 (3): 49-61.

[152] Morrow, J. D. How Could Trade Affect Conflict? [J]. *Journal of Peace Research, Special Issue on Trade and Conflict*, 1999, 36 (4): 481-489.

［153］ Mosher，J. S. Relative Gains Concerns When the Number of States in the International System Increases ［J］. *Journal of Conflict Resolution*，2003，47（5）：642-668.

［154］ Müller，H. and Wolff，J. Dyadic Democratic Peace Strikes Back ［Z］. The 5th Pan-European International Relations Conference Discussion Paper，2004.

［155］ Mundell，R. A. International Trade and Factor Mobility ［J］. *American Economic Review*，1957，47（3）：321-335.

［156］ Nigh，D. and Schollhammer，H. Foreign Direct Investment，Political Conflict and Co-Operation：The Asymmetric Response Hypothesis ［J］. *Managerial and Decision Economics*，1987，8（4）：307-312.

［157］ Noland，M. Trade，Investment，and Economic Conflict between the United States and Asia ［J］. *Journal of Asian Economics*，1996，7（3）：435-458.

［158］ Nye，J. S. Multinationals：The Game and the Rules：Multinational Corporations in World Politics ［J］. *Foreign Affairs*. 1974，10.

［159］ Nu'man K. Trade—A Catalyst for Peace? ［J］. *The Economic Journal*，2001，111（472）：276-290.

［160］ Oneal，J. R. Measuring Interdependence and Its Pacific Benefits：A Reply to Gartzke and Li ［J］. *Journal of Peace Research*，2003，40（6）：721-725.

［161］ Oneal，J. R.，Oneal，F. H.，Maoz，Z.，and Russett，B. The Liberal Peace：Interdependence，Democracy，and

International Conflict, 1950-1986 [J]. *Journal of Peace Research*, 1996, 33 (1): 11-28.

[162] Oneal, J. R. and Ray, J. L. New Tests of the Democratic Peace: Controlling for Economic Interdependence, 1950-1985 [J]. *Political Research Quarterly*, 1997, 50 (4): 751-775.

[163] Oneal, J. R. and Russett, B. The Classical Liberals were Right: Democracy, and International Conflict, 1950-1985 [J]. *International Studies Quarterly*, 1997, 41 (2): 267-294.

[164] Oneal, J. R. and Russett, B. Assessing the Liberal Peace with Alternative Specifications: Trade still Reduces Conflict [J]. *Journal of Peace Research*, 1999, 36 (4): 423-442.

[165] Paarlberg, R. L. Food, Oil, and Coercive Resource Power [J]. *International Security*, 1978, 3 (2): 3-19.

[166] Pahre, R. and Papayoanou, P. Using Game Theory to Link Domestic and International Politics [J]. *Journal of Conflict Resolution*, 1997, 41 (1): 4-11.

[167] Peter, D. H. and Michael, D. W. Analyzing Dependencies in International Relations: Commerce, Capitalism, Conflict, Cooperation, and Democracy. [C]. The 46th Annual Convention of the International Studies Association, 2005.

[168] Peter, L. Trade and Peace [J]. *International Studies Review*, 2004, 6: 139-141.

[169] Petersen, C. E. Trade Conflict and Resolution Methodologies [J]. *American Economic Review*, 1992, 82 (2): 62-66.

[170] Polachek, S. Conflict and Trade. *Journal of Conflict Resolution*, 1980, 24 (1): 55-78.

[171] Polachek, S. and McDonald, J. Strategic Trade and the Incentive for Cooperation [Z]. *Disarmament, Economic Conversion, and Management of Peace*, 1992: 273-284.

[172] Polachek, S. Why Democracies Cooperate More and Fight Less: The Relationship Between International Trade and Cooperation [J]. *Review of International Economics*, 1997, 5 (3): 295-309.

[173] Polachek, S. Conflict and Trade: An Economics Approach to Political International Interactions [J]. *Peace Economics, Peace Science and Public Policy*, 1999, 5 (2): 1-30.

[174] Polachek, S., Robst, J. and Chang, Y. C. Liberalism and Interdependence: Extending the Trade-Conflict Model [J]. *Journal of Peace Research*, 1999, 36 (4): 405-422.

[175] Polachek, S. How Outsourcing Affects Bilateral Political Relations [Z]. IZA Discussion Paper, 2004.

[176] Polachek, S., Seiglie, C. and Xiang, J. Globalization and International Conflict: Can FDI Increase Peace? [Z]. ISA meetings Discussion Paper, 2005.

[177] Polachek, S., Seiglie, C. and Xiang, J. Globalization and International Conflict: Can FDI Increase Peace as Trade Does? [Z]. Unpublished Manuscript, 2006.

[178] Polachek, S. and Seiglie, C. Trade, Peace and Democracy: An Analysis of Dyadic Dispute [Z]. IZA Discussion Paper, 2006.

[179] Pollins, B. M. Conflict, Cooperation, and Commerce: The Effect of International Political Interactions on Bilateral Trade Flows [J]. *American Journal of Political Science*, 1989, 33 (3): 737-761.

[180] Pollins, B. M. Does Trade Still Follow the Flag? [J]. *American Political Science Review*, 1989, 83 (2): 465-480.

[181] Pollins, B. M. Globalization and Armed Conflict among Nations: Prospects through the Lens of International Relations Theory [Z]. Globalization and National Security Conference Discussion Paper, 2007.

[182] Powell, R. Absolute and Relative Gains in International Relations Theory [J]. *American Political Science Review*, 1991, 85 (4): 1303-1320.

[183] Powell, R. Guns, Butter, and Anarchy [J]. *American Political Science Review*, 1993, 87 (1): 115-132.

[184] Pfaffermayr, M. Foreign Direct Investment and Exports: A Time Series Approach [J]. *Applied Economics*, 1994, 26: 337-351.

[185] Rasler, K. and Thompson, W. R. War, Trade, and the Mediation of Systemic Leadership [J]. *Journal of Peace Research*, 2005, 42 (3): 251-269.

[186] Reuveny, R. and Kang, H. International Trade, Political Conflict/Cooperation, and Granger Causality [J]. *American Journal of Political Science*, 1996, 40 (3): 943-970.

[187] Reuveny, R. and Kang, H. Bilateral Trade and Political Confilct/Cooperation: Do Goods Matter? [J]. *Journal of*

Peace Research, 1998, 35 (5): 581-602.

[188] Reuveny, R. and Maxwell, J. Free Trade and Arms Races [J]. *Journal of Conflict Resolution*, 1998, 42 (6): 771-803.

[189] Reuveny, R. and Kang, H. A Simultaneous-Equations Model of Trade, Conflict, and Cooperation [J]. *Review of International Economics*, 2003, 11 (2): 279-295.

[190] Reuveny, R. and Li, Q. Is All Trade the Same? The Effect of Disaggregated Bilateral Trade on Militarized Disputes [Z]. The Peace Science Society (International) Thirty-Eighth American Meeting, 2004.

[191] Robock, S. Political Risk: Identification and Assessment [J]. *Columbia Journal of World Business*, 1971, 6 (4): 6-20.

[192] Robst, J., Polachek, S. and Chang, Y. C. Geographic Proximity, Trade and International Conflict/Cooperation [Z]. IZA Discussion Paper, 2006.

[193] Roemer, J. E. The Effects of Sphere of Influence and Economic Distance on the Commodity Composition of Trade in Manufactures [J]. *The Review of Economics and Statistics*, 1977, 59 (3): 318-327.

[194] Russett, B., Oneal J. R. and David R. D. The Third Leg of the Kantian Tripod for Peace: International Organizations and Militarized Disputes, 1950-1985 [J]. *International Organization*, 1998, 52 (3): 441-467.

[195] Sandler, T. Economic Analysis of Conflict [J]. *Journal of Conflict Resolution*, 2000, 44: 723-729.

[196] Sandoval, B. R. Interdependence and Militarized Conflict: Does Trade Inform States? [J]. *Annual meeting of the International Studies Association Discussion Paper*, 2006.

[197] Schneider, F. and Frey B. S. Economic and Political Determinants of Foreign Direct Investment [J]. *World Development*, 1985, 13 (2): 161-175.

[198] Schneider, G. and Schulze, G. G. Trade and Armed Conflict: The Domestic Foundations of Commercial Liberalism [Z]. Unpublished Manuscript, 2005.

[199] Schneider, G. and Troeger, V. E. War and the World Economy: Stock Market Reactions to International Conflicts [J]. *Journal of Conflict Resolution*, 2006, 50 (5): 623-645.

[200] Sen, A. Isolation, Assurance and the Social Rate of Discount [J]. *Quarterly Journal of Economics*, 1967, 81 (1): 112-124.

[201] Sen, A. The Living Standard [J]. *Oxford Economic Papers*, 1984, 36: 74-90.

[202] Sen, A. Principled choice [J]. *Mathematical Social Sciences*, 1987, 13 (3): 297-298.

[203] Shaheen, B. A. Dyadic Risk and Foreign Direct Investment [Z]. Wharton Research Scholars Honors Thesis. University of Pennsylvania, 2005.

[204] Simmons, B. A. Rules over Real Estate: Trade, Territorial Conflict, and International Borders as Institution [J]. *Journal of Conflict Resolution*, 2005, 49 (6): 823.

[205] Simon, J. D. Political Risk Assessment: Past Trends

and Future Prospects [J]. *Columbia Journal of World Business*, 1982, 17 (5): 62-71.

[206] Skaperdas, S. Cooperation, Conflict, and Power in the Absence of Property Rights [J]. *American Economic Review*, 1992, 82 (4): 720-739.

[207] Snidal, D. Power versus Plenty: How Much Do Relative Gains Considerations Impede International Cooperation? [Z]. *International Studies Association Meetings Discussion Paper*, 1989.

[208] Snidal, D. International Cooperation among Relative Gains Maximizers [J]. *International Studies Quarterly*, 1991, 35 (4): 387-402.

[209] Snidal, D. Relative Gains and the Pattern of International Cooperation [J]. *American Political Science Review*, 1991, 85 (3): 701-726.

[210] Snitwongse, K. Thirty Years of ASEAN: Achievements through Political Cooperation [J]. *Pacific Review*, 1998, 11 (2): 83-94.

[211] Souva, M. A. *Essays on Interdependence, Institutions, and International Conflict* [D]. PhD Dissertaion: Michigan State University, 2002.

[212] Souva, M. A. and Prins, B. The Liberal Peace Revisited: The Role of Democracy, Dependence, and Development in Militarized Interstate Dispute Initiation, 1950—1999 [J]. *International Interactions*, 2006, 32 (2): 183-200.

[213] Stein, A. A. Trade and Conflict: Uncertainty, Strategic

Signaling, and Interstate Disputes [Z]. Conference on Trade and Conflict Discussion Paper, 2001.

[214] Stone, S. and Jeon, B. N. Foreign Direct Investment and Trade in the Asia-Pacific Region: Complementarity, Distance and Regional Economic Integration [J]. *Journal of Economic Integration*, 2000, 15: 460-485.

[215] Süheyla, Ö. and Nur, B. C. Survival of Rationalism between Hostility and Economic Growth [J]. *Journal of Peace Research*, 2001, 38 (4): 515-535.

[216] UNCTAD. World Investment Report [R]. 1996, 152-153.

[217] Valentin, L. K. Interdependence and the Duration of Militarized Conflict [J]. *Journal of Peace Research*, 2006, 43 (3): 243-260.

[218] Yeats, A. On the Accuracy of Economic Observations: Do Sub-Saharan Trade Statistics Mean Anything? [J]. *World Bank Economic Review*, 1990, 4 (2): 135-156.

中文著作

[219] 畅征，王杏芳等. 国际政治学 [M]. 北京：中国人民大学出版社，1995.

[220] 陈同仇，薛荣久. 国际贸易 [M]. 北京：对外经济贸易大学出版社，1991.

[221] 陈振明. 政治的经济学分析：新政治经济学导论 [M]. 北京：中国人民大学出版社，2003.

[222] 大卫・A・鲍德温著，肖欢容译. 新现实主义与新自

由主义［M］．杭州：浙江人民出版社，2001．

［223］邓小平文选（第3卷）［M］．北京：人民出版社，1993．

［224］樊勇明．西方国际政治经济学［M］．上海：上海人民出版社，2002．

［225］龚晓莺．国际贸易与国际直接投资的关系及政策选择［M］．北京：经济管理出版社，2006．

［226］亨廷顿．文明的冲突与世界秩序的重建［M］．北京：新华出版社，1998．

［227］赫尔曼康恩．论逐步升级——比喻和假想情景［M］．北京：世界知识出版社，1965．

［228］霍夫曼编．当代国际关系理论［M］．北京：中国社会科学出版社，1990．

［229］金应忠，倪世雄．国际关系理论比较研究［M］．北京：中国社会科学出版社，1992．

［230］肯尼思·沃尔兹．国际政治理论［M］．北京：中国人民公安大学出版社，1992．

［231］李少军．国际政治学概论［M］．上海：上海人民出版社，2002．

［232］联合国贸发会议．1995年世界投资报告（中译本）［M］．北京：对外经济贸易大学出版社，1996．

［233］联合国贸发会议．1998年世界投资报告（中译本）［M］．北京：对外经济贸易大学出版社，1999．

［234］柳剑平．国际经济关系政治化问题研究［M］．北京：人民出版社，2002．

［235］罗伯特·基欧汉，约瑟夫·奈．权力与相互依赖［M］．北京：北京大学出版社，2001．

［236］罗伯特·吉尔平．国际关系政治经济学［M］．北京：

经济科学出版社，1989.

[237] 罗伯特·吉尔平. 世界政治中的战争与变革 [M]. 北京：中国人民大学出版社，1994.

[238] 罗伯特·吉尔平. 国际关系政治经济学 [M]. 北京：经济科学出版社，1992.

[239] 尼尔·胡德，斯蒂芬·杨. 跨国企业经济学 [M]. 北京：经济科学出版社，1990.

[240] 倪世雄. 当代西方国际关系理论 [M]. 上海：复旦大学出版社，2001.

[241] 苏珊·斯特兰奇. 国际政治经济学导论：国家与市场 [M]. 北京：经济科学出版社，1990.

[242] 滕藤，谷源洋. 1997—1998 世界经济形势分析与预测 [M]. 北京：中国社会科学出版社，1998.

[243] 王逸舟. 当代国际政治析论 [M]. 上海：上海人民出版社，1995.

[244] 王逸舟. 全球化时代的国际安全 [M]. 上海：上海译文出版社，1999.

[245] 威廉·内斯特著，姚远，汪恒译. 国际关系——21 世纪的政治与经济 [M]. 北京：北京大学出版社，2005.

[246] 伍德里奇. 横截面与面板数据的经济计量分析 [M]. 北京：中国人民大学出版社，2007.

[247] 徐乃炯. 帝国主义对第三世界国家的控制和剥削（统计资料）[M]. 北京：人民出版社，1978.

[248] 亚历山大·温特. 国际政治的社会理论 [M]. 上海：上海人民出版社，2001.

[249] 阎学通等. 中外关系鉴览 1950—2005——中国与大国关系定量衡量 [M]. 北京：高等教育出版社，2010.

［250］余先予．国际经济法教程［M］．北京：中国财政经济出版社，2000.

［251］詹姆斯·多尔蒂，小罗伯特·普法尔茨格拉夫著，阎学通等译．争论中的国际关系理论［M］．北京：世界知识出版社，2003.

［252］张季良．国际关系概论［M］．北京：世界知识出版社，1989.

［253］庄宗明，孔瑞等．中美经济相关性研究［M］．北京：经济科学出版社，2007.

［254］兹比格纽·布热津斯基．大棋局——美国的首要地位及其地缘战略［M］．上海：上海人民出版社，1998.

中文论文

［255］曹云华．中国—东盟经济合作中的绝对获益与相对获益［J］．亚太经济，2004（3）：54-56.

［256］常欣欣．后冷战时期的和平［D］．中共中央党校，2001.

［257］陈安国．论经济全球化中的跨国公司及其对民族国家的挑战［J］．南京师范大学学报（社会科学版），2000（5）：36-41.

［258］陈有为．中美经济相互依赖［J］．华人世界，2007（3）：24-25.

［259］范曦新．世纪和平发展背景下的中国战略选择［J］．时代教育，2006（12）：174-175.

［260］傅梦孜．中美关系中的经济政治学［J］．世界知识，2005（2）：66.

［261］傅梦孜．中美经贸关系可能演绎的政治内涵［J］．国

际经济评论，2007（4）：13-14.

[262] 高铁梅，孔宪丽，刘玉，胡玲. 中国钢铁工业供给与需求影响因素的动态分析 [J]. 管理世界，2004（6）：73-81.

[263] 国分良成著，崔存明摘译. 冷战后中日关系转变的特点 [J]. 国外理论动态，2007（5）：43-46.

[264] 胡欣. 世界体系中的中国与美国：冲突和合作 [J]. 世界经济与政治论坛，2002（4）：70-73.

[265] 孔泉. 例行记者会上答记者问 [EB/OL]. http：//www. fmprc. gov. cn/chn/xwfw/fyrth/tl 197024. htm，2005-05-24.

[266] 杰弗里·加勒特，彼得·兰格. 国际化、制度和政治变迁 [A]. 罗伯特·基欧汉，海伦·米尔纳著，姜鹏等译. 国际化与国内政治 [C]. 北京：北京大学出版社，2003.

[267] 邝艳湘. 经济相互依赖与国际和平 [J]. 外交评论，2007（2）：65-72.

[268] 邝艳湘. 和平还是冲突：经济相互依赖的政治后果 [J]. 国际论坛，2007，9（3）：44-80.

[269] 郎平. 贸易是推动和平的力量吗？[J]. 世界经济与政治，2005（10）：45-52.

[270] 李非. 当前海峡两岸贸易形势分析 [J]. 厦门大学学报（哲学社会科学版），2007（1）：76-83.

[271] 李非，熊俊莉. 两岸高科技产业的发展与合作 [J]. 亚太经济，2007（1）：67-71.

[272] 李会民. 冲突分析与合作理论研究 [D]. 天津大学，2003.

[273] 李荣林. 国际贸易与直接投资的关系：文献综述 [J]. 世界经济，2002（4）：44-46.

[274] 李少军. “冲突—合作模型”与中美关系的量化分析[J]. 世界经济与政治，2002 (4)：43-49.

[275] 李玉珍，孔慧珍. 中日经贸关系探析 [J]. 社会科学论坛，2007 (5)：126-128.

[276] 李文溥. 国际直接投资与国家经济利益及国家安全[J]. 学术月刊，1997 (10)：21-25.

[277] 刘彩. 合作博弈：国际冲突决策模式的理性选择[D]. 华中师范大学，2005.

[278] 梅然. 经济相互依赖与和平 [J]. 欧洲，1998 (5)：20-27.

[279] 彭维学. 十年来两岸关系的震荡与发展 [J]. 统一论坛，2007 (1)：8-11.

[280] 秋田浩之. 是加深相互依赖避免矛盾还是加强日美印同盟面对威胁——美国的对华观依然摇摆不定 [N]. 日本经济新闻，2006-02-15.

[281] 冉光和，李敬，熊德平，温涛. 中国金融发展与经济增长关系的区域差异研究——基于面板数据的单位根检验、协整检验与误差纠正模型 [Z]. 经济发展论坛工作论文，2005.

[282] 上海证大研究所. 文明的和解：中国和平崛起以后的世界 [M]. 北京：人民出版社，2005.

[283] 尚涛，郭根龙，冯宗宪. 我国服务贸易自由化与经济增长的关系研究——基于脉冲响应函数方法的分析 [J]. 国际贸易问题，2007 (8)：92-98.

[284] 时殷弘. 中美关系与中国战略 [J]. 现代国际关系，2007 (1)：35-36.

[285] 宋国友. 贸易增长、利益集团与国家间冲突 [J]. 现代国际关系，2004 (6)：18-23.

[286] 宋国友. 国家冲突阴影下的贸易增长：一种社会—国家的分析 [D]. 复旦大学，2006.

[287] 苏长和. 经济相互依赖及其政治后果 [J]. 欧洲，1998 (4)：34-39.

[288] 孙秀萍. 日本议员看历史心态复杂 [N]. 环球时报，2006-06-26.

[289] 孙兆慧. 海峡两岸经贸发展状况与趋势 [J]. 国际经济合作，2007 (4)：33-36.

[290] 唐永胜，卢刚. 中美关系的结构性矛盾及其化解 [J]. 现代国际关系，2007 (6)：52-60.

[291] 王舒. 贸易投资的一体化理论与国家产业竞争政策的演进 [J]. 江苏社会科学，2002 (2)：66-71.

[292] 汪垚. 20世纪90年代以来双边投资协定评介及发展趋势研究 [D]. 对外经济贸易大学，2006.

[293] 吴先明. 国际贸易理论与国际直接投资理论的融合发展趋势 [J]. 国际贸易问题，1999 (7)：1-6.

[294] 吴心伯. 中美经贸关系的新格局及其对双边关系的影响 [J]. 复旦学报（社会科学版），2007 (1)：1-10.

[295] 徐崇利. 从南北纷争焦点的转移看国际投资法的晚近发展 [J]. 比较法研究，1997 (1)：44-54.

[296] 徐坚. 纵论国际形势与中国外交 [J]. 国际问题研究，2007 (2)：15-32.

[297] 徐良. 冲突与合作——后冷战时期中美关系析论 [D]. 江西师范大学，2002.

[298] 薛荣久. 不对等的两岸货物贸易 [J]. 国际经贸探索，2007 (4)：41-45.

[299] 杨耕. 冷战后国际冲突的主权因素分析 [D]. 吉林大

学，2004.

[300] 游红武．后冷战时代国际冲突探源 [D]．暨南大学，2000.

[301] 俞进．论国际贸易和国际直接投资的理论融合 [D]．华东师范大学，2003.

[302] 袁鹏．中美关系新特点 [J]．国际问题研究，2007 (2)：10-11.

[303] 詹晓宁，葛顺奇．多边投资框架与中国战略利益 [J]．国际经济评论，2002 (4)：19-23.

[304] 张建清，熊灵．中美经贸关系的政治经济分析 [J]．国外社会科学，2007 (6)：30-35.

[305] 张丽娟．试论贸易与政治的相互渗透及实现途径 [J]．太平洋学报，2005 (9)：57-63.

[306] 张如庆．中国对外直接投资和对外贸易的关系 [J]．世界经济研究，2005 (3)：23-27.

[307] 赵彬．国际直接投资的发展与我国引进外资战略的调整 [D]．厦门大学，2001.

[308] 朱园丽，姜加强．基于 VAR 模型的方差分解和脉冲响应函数在损失率波动分析中的应用 [J]．金融经济，2007 (1)：59-63.

[309] 邹志强．试论冷战后的中国经济外交 [D]．武汉大学，2005.

后　记

值此书修改完稿之际，适逢中日之间关于钓鱼岛领土争端问题升级。日本政府宣布“购买”钓鱼岛，实施所谓“国有化”，此举引起了我国政府和国民的强烈抗议。中国政府针对日本立即做出回应，宣布了钓鱼岛领海基线，并派出海监船抵达钓鱼岛外围海域开展维权行动、宣示主权。我虽身在美国，远隔重洋仍能感觉到中日民众之间对抗的激愤情绪。新闻媒体和学术界纷纷揣测，钓鱼岛问题会引发中日军事冲突吗？假如中日因钓鱼岛而引发军事冲突，后果会如何？日本首相野田佳彦在9月19日声称，日方没有充分预计到“购买”钓鱼岛后中方反应的程度，他承认自己预估有误。为修复因钓鱼岛问题而出现紧张的中日关系，日本将考虑采取派特使访华等举措，比如通过政界和经济界人士与中国展开沟通。

延续本书的角度分析，我认为日本此举是主动“搭梯子下台”，不愿意继续使双方冲突白热化。究其原因，还是经济动因在主导。中日两国互为最重要的贸易伙伴和投资伙伴，有较强的经济相互依赖关系。而论依赖程度，日本近两年来对中国的依赖超过了中国对日本的依赖。从贸易方面来看，中日之间贸易的商品以机械机电产品为主，属于战略性商品，除此以外在两国贸易结构中占较大份额的贸易品有许多是替代弹性较低的商品，比如日本从中国进口的纺织品，很难找到同样质优价廉的替代品，这些商品的贸易都具有很好的抑制冲突升级的作用。从投资方面来看，日本在和中国关系淡化时，把投资向东南亚国家转移，但在可预见的未来，中国的市场规模和环境是东南亚其他国家所不可比拟的，中国市场对于日本这样的投资大国来说还是很有吸引力的。而且日本在中国投资多涉及产业链，无法大规模转移。如果日本和中国减少甚至断绝经贸往来，日本经济将蒙受巨大损失。日本不希望在两国"政冷经热"后又出现"政冷经凉"的局面，于是采取了主动求和的措施。这为本书的分析结论提供了新的例证。2012 年 9 月日本学者加藤嘉一到哈佛大学作讲座，他提出，中日冲突有一个很重要的原因便是两国国民之间沟通不畅，信息不对称。而经贸联系，正如本书中所述，可以为国家间加强了解和沟通提供最佳的渠道。

该书成稿于风景如画的厦门，修改于学风浓厚的波士顿。这两个城市都是人才辈出的地方，我虽生性驽钝，但在这样的环境里也能深深地感受到学术的神圣和心灵的自由。一直觉得自己是个十分幸运的人，能在这两个对我人生产生着和即将产生重要影响的地方，学习未知的知识，锻炼欠缺的技能，见识陌生的世界，结交优秀的人。这些，都将成为我人生的宝贵财富。

该书的完成要感谢许许多多关心和帮助过我的人。感谢我的博士生导师，厦门大学的庄宗明教授。在读博的三年间，庄老师对我们这些弟子视如己出，虽事务缠身十分繁忙，但他和师母仍十分关心我们的学业和生活，为我们每一点的进步而开心，为我们遇上的困难而忧心，并全力帮我们解决。庄老师以其严谨的治学和宽厚的为人无形中给我们树立了一个榜样，成为我们处理问题时参照的准则。在我的学习和科研过程中，庄老师一直都无私地奉献着自己宝贵的意见。由于庄老师的鼓励和支持，我坚定了在学术界继续发展的决心。

感谢我的博士后合作导师，哈佛大学的 Richard Cooper 教授。Cooper 教授是经济相互依赖理论的奠基人，同时具有丰富的实务经验。他看起来虽然不苟言笑，却常常讲些让学生们捧腹的笑话。我初入学时，他唯恐我初来乍到不适应，细心地给我介绍了学校的图书馆和网络资源。每次我向他请教问题，他都极耐心极细致地回答。由于他的见识广博，分析问题的角度十分高屋建瓴，细细回味后更能体会到其见解的妙处。哪怕我问的问题不是他最了解的领域，他也会向我推荐别的教授请教，或者告诉我在何处可以查询到相关内容。

感谢厦大和哈佛给予我无限的资源。在厦大，黄梅波老师、黄建忠老师、林季红老师、彭水军老师等和蔼可爱的老师们，他们循循善诱的传道授业解惑，帮助我在专业学习上奠定了良好的基础。而我可爱的同学们，他们的学习态度使我感受到了不懈的努力和奋发向上的精神，他们的生活态度让我学习到了蓬勃的朝气和对生活的热爱。在哈佛，每周都有世界级名家们的讲座和讨论，这里是学术界的顶级殿堂，时时可以切身体会到思想的碰撞产生出的灵感火花。新贸易理论的代表性人物 Helpman 教授，异质性企业理论的提出者 Melitz 教授，企业内生边界模型的提出者 Antras 教授，都在哈佛经济系任教，畅游在他们的课堂上，有一种灵魂洗礼的感觉。多样化的视角和多学科的交叉，为我研究的进一步拓展打开了思路，而同时，哈佛丰富的馆藏资源也增加了研究实施的可行性。哈佛大学的藏书可谓汗牛充栋，在全美排名第二，仅次于美国国会图书馆。

最最需要感谢的，是我的家人。如果没有他们无私的奉献、无悔的付出，我无法一心一意地完成该书的写作，更不可能毫无后顾之忧地到哈佛大学求学。

感谢华中师范大学出版基金对该书出版提供的大力支持。感谢我的好友吴哲，她一丝不苟、斟词酌句地对该书进行了复审，使本书得以进一步完善。马燕同学为书稿校对付出了辛勤的汗水，在此也一并感谢！

“投我以木瓜，报之以琼琚。匪报也，永以为好也。”相对于我所获得的支持，这篇拙作实在不敢被称为琼琚。但愿，这是一个好的开始吧！

蔡洁

2012 年 9 月于 Widener Library